Kurt Marti · Ihm glaube ich Gott

TVZ

Kurt Marti

Ihm glaube ich Gott

Über Jesus

Herausgegeben von Bigna Hauser und Andreas Mauz

Theologischer Verlag Zürich

Gedruckt mit freundlicher Unterstützung der Burgergemeinde Bern, des Pfarrvereins des Kantons Zürich, der Reformierten Kirchen Bern-Jura-Solothurn, der Protestantischen Solidarität Schweiz, der Stiftung Pro Sciencia et Arte und der Schweizerischen Reformationsstiftung.

Der Theologische Verlag Zürich wird vom Bundesamt für Kultur für die Jahre 2021–2024 unterstützt.

Bibliografische Information der Deutschen Nationalbibliothek
Die Deutsche Nationalbibliothek verzeichnet diese Publikation in der Deutschen Nationalbibliografie; detaillierte bibliografische Daten sind im Internet über http://dnb.dnb.de abrufbar.

Umschlaggestaltung
Simone Ackermann
Unter Verwendung einer Fotografie von René M. Wyser
© Foto- und Filmstudio, René M. Wyser, CH-8903 Birmensdorf

Druck
CPI Books GmbH, Leck

ISBN 978-3-290-18622-7 (Print
ISBN 978-3-290-18623-4 (E-Book: PDF)

© 2024 Theologischer Verlag Zürich
www.tvz-verlag.ch

Inhalt

hotel jesus

leer der eisschrank
im jesus-hotel:
kein brot
keine fische

tafelnd und schwatzend
leben die gäste
von der hand
in den mund

plötzlich wäscht
und niedergekniet
der chef seinen kellnern
die füsse

ratlos mustert
der reiche jüngling
das treiben im haus:
wo führt das noch hin?

johanna susanna legen
diskret ihre checks
in die kasse: alles soll
gratis für alle sein

das hotel jesus
hat zimmer für viele
petrus der concierge
verteilt die schlüssel

*

Kurt Marti

Intro

Wer ist Jesus Christus für Sie?

Wer ist Jesus Christus für Sie?

1. Derselbe, der er auch für die Verfasser der Evangelien war: ein Wander-Radikaler, dessen Lebensweise eine fast hundertprozentig andere war als – zum Beispiel – die meine; ein Jude, der inspirierte und einzigartige Sätze sagte; ein Jude, der aus der alttestamentlichen Tradition überraschende und universal gültige Schlüsse zog; ein Heiler körperlicher Leiden; ein freier Mensch, stolz gegenüber Mächtigen, liebevoll gegenüber Machtlosen und Verachteten; ein Mann, der männlich genug war, um das Weibliche in sich nicht verdrängen zu müssen; ein Emanzipator der Frauen; ein Hinführer, sogar Verführer zum Leben, deswegen hingerichtet, deswegen auferstanden.

2. Derselbe wie für Robert Walser:
   «Gewiss er ein gar Guter war,
   er brachte sich zum Opfer dar,
   uns wird er niemals klar.»

3. Der bekannteste Unbekannte.

4. Der, von dem Marie Luise Kaschnitz schrieb:
   «Jesus wer soll das sein?
   Ein Galiläer
   Ein armer Mann
   Aufsässig
   Eine Grossmacht
   Und eine Ohnmacht
   Immer
   Heute noch.»

5. Derjenige, dem ich Gott glaube. Für mich deshalb Gottes Wortführer, Gottes Wort.

6. Ein Verworfener

7. Derjenige (der einzige?), der unseren verrückten und kind-
   lichen Wunsch, sehr zu lieben und sehr geliebt zu sein und
   hierdurch sehr glücklich zu werden, absolut ernst nimmt.

8. Vermutlich stets wieder: Magnet eigener Wünsche, Hoff-
   nungen, Fantasien, mit denen ich den bekanntesten Unbe-
   kannten unablässig neu entwerfe, ihn dabei oft wohl auch
   verrate oder entstelle – ein Gekreuzigter noch immer, wehr-
   los mir preisgegeben, in seiner Preisgegebenheit jedoch
   glauben weckend, Vorstellungskräfte nährend, Motivatio-
   nen stiftend wie kein anderer.

9. Ein Gespräch, meist sprunghaft, oft unterbrochen, in das ich
   stets von Neuem verwickelt werde.

10. Derjenige, dem gegenüber ich nie das Bedürfnis, erst recht
    nicht eine Nötigung verspüre, mich wegen meiner Hand-
    lungen oder Versäumnisse, wegen meiner Gedanken oder
    Wünsche, wegen meines Versagens oder meiner Schuld
    rechtfertigen zu müssen.

11. Derjenige, der neu anfing.

12. Derjenige, der sein letztes Wort noch nicht gesagt hat.

Gedichte

ein gott / der fleisch wird

ein nachapostolisches bekenntnis

ich glaube an gott
der liebe ist
den schöpfer des himmels und der erde

ich glaube an jesus
sein menschgewordenes wort
den messias der bedrängten und unterdrückten
der das reich gottes verkündet hat
und gekreuzigt wurde deswegen
ausgeliefert wie wir der vernichtung des todes
aber am dritten tag auferstanden
um weiterzuwirken für unsere befreiung
bis dass gott alles in allem sein wird

ich glaube an den heiligen geist
der uns zu mitstreitern des auferstandenen macht
zu brüdern und schwestern derer die für gerechtigkeit
    kämpfen und leiden

ich glaube an die gemeinschaft der weltweiten kirche
an die vergebung der sünden
an den frieden auf erden für den zu arbeiten sinn hat
und an eine erfüllung des lebens über unser leben hinaus

jesus

1
mit einer schar von freunden (freundinnen auch)
durch galiläas dörfer und städte ziehend
hat er kranke geheilt und geschichten erzählt
von der weltleidenschaft des ewigen gottes

2
privilegien der klasse der bildung galten ihm nichts
zu seinem umgang zählten tagelöhner und zöllner
wo mangel sich zeigte an nahrung oder getränk
teilte er fische brot und wein aus für viele

3
die gewalt von gewalthabern verachtete er
gewaltlosen hat er die erde versprochen
sein thema: die zukunft gottes auf erden
das ende von menschenmacht über menschen

4
in einer patriarchalischen welt blieb er der sohn
und ein anwalt unmündiger frauen und kinder
wollten galiläer ihn gar zum könig erheben? er aber
ging hinauf nach jerusalem: direkt seinen gegnern ins garn

5
auf einem jungesel kam er geritten – kleinleute-messias:
die finger einer halbweltdame vollzogen die salbung an ihm ...
bald verwirrt bald euphorisch folgten ihm die freunde die jünger
um bei seiner verhaftung ratlos unterzutauchen ins dunkel

6
über sein schweigen hin rollte der schnelle prozess
ein afrikaner schleppte für ihn den balken
    zum richtplatz hinaus
stundenlang hing er am kreuz: folter mit tödlichem ausgang –
drei tage später die nicht zu erwartende wendung

7
anstatt sich verstummt zu verziehen ins bessere jenseits
brach er von neuem auf in das grausame diesseits
zum langen marsch durch die viellabyrinthe
der völker der kirchen und unserer unheilsgeschichte

8
oft wandelt uns jetzt die furcht an er könnte
sich lang schon verirrt und verlaufen haben
entmutigt verschollen für immer vielleicht – oder bricht er
noch einmal (wie einst an ostern) den bann?

9
und also erzählen wir weiter von ihm
die geschichten seiner rebellischen liebe
die uns auferwecken vom täglichen tod –
und vor uns bleibt: was möglich wär' noch

Jesses!

Du so.
Du anders.
Du nicht.
Du doch.
Dein Leib.
Deine Worte.
Was weiss ich.
Was soll ich.

Komm glaub
mit mir.
Komm geh
mit uns.

und maria

und maria sang
ihrem ungeborenen sohn:
    meine seele erhebt den herrn
    ich juble zu gott meinem befreier
    ich: eine unbedeutende frau –
    aber glücklich werden mich preisen
    die leute von jetzt an
    denn grosses hat gott an mir getan –
    sein name ist heilig
    und grenzenlos sein erbarmen
    zu allen denen es ernst ist mit ihm –
    er braucht seine macht
    um die pläne der machthaber fortzufegen
    er stürzt die hohen vom sitz
    und hebt die unterdrückten empor
    er macht die hungrigen reich
    und schickt die reichen hungrig weg

2
und maria konnte kaum lesen
und maria konnte kaum schreiben
und maria durfte nicht singen
noch reden im bethaus der juden
wo die männer dem mann-gott dienen

dafür aber sang sie
ihrem ältesten sohn
dafür aber sang sie
den töchtern den anderen söhnen
von der grossen gnade und ihrem

heiligen umsturz

3
dennoch
erschrak sie
am tage
da jesus die werkstatt
und ihre familie verliess
um im namen gottes
und mit dem feuer des täufers
ihren gesang
zu leben

4
und dann
ach dann
bestätigten sich
alle ängste
aufs schlimmste:
versteinert stand sie
und sprachlos
als jesus
am galgen
vergeblich
nach gott schrie

5
später viel später
blickte maria
ratlos von den altären
auf die sie
gestellt worden war

und sie glaubte
an eine verwechslung
als sie
– die vielfache mutter –
zur jungfrau
hochgelobt wurde

und sie bangte
um ihren verstand
als immer mehr leute
auf die knie fielen
vor ihr

und angst
zerpresste ihr herz
je inniger sie
– eine machtlose frau –
angefleht wurde
um hilfe um wunder

am tiefsten
verstörte sie aber
der blasphemische kniefall
von potentaten und schergen
gegen die sie doch einst
gesungen hatte voll hoffnung

6
und maria trat
    aus ihren bildern
und kletterte
    von ihren altären herab
und sie wurde
    das mädchen courage
    die heilig kecke jeanne d'arc
und sie war
    seraphina vom freien geist
    rebellin gegen männermacht und hierarchie
und sie bot
    in käthe der kräutermuhme
    aufständischen bauern ein versteck
und sie wurde
    millionenfach als hexe
    zur ehre des gottesgötzen verbannt
und sie war
    die kleine therese
    aber rosa luxemburg auch
und sie war
    simone weil «la vierge rouge»
    und zeugin des absoluten
und sie wurde
    zur madonna leone die nackt
    auf dem löwen für ihre indios reitet –
und sie war und sie ist
    vielleibig vielstimmig
    die subversive hoffnung
    ihres gesangs

weihnacht

damals

als gott
im schrei der geburt
die gottesbilder zerschlug

und

zwischen marias schenkeln
runzlig rot
das kind lag

das licht

der sagt ich bin
sagt uns ihr seid

der sagt ihr seid
sagt uns ich bin

das licht der welt

intonation

singet dem herrn
der nie eine uniform trägt
der nie eine waffe ergreift
der tote zum leben erweckt

singet dem herrn
der nie einem fahnentuch traut
der nie an parolen sich hängt
der feinde als brüder entlarvt

das tägliche brot

unser ist unser und unser ist euer
unser ist freund und unser ist feind
unser ist nah und unser ist fern
unser ist euer und unser ist unser

täglich ist heute und täglich ist morgen
täglich ist viel und täglich ist wenig
täglich ist leben und täglich ist tod
täglich ist morgen und täglich ist heute

brot ist brot und brot ist reis
brot ist tisch und brot ist dach
brot ist bett und brot ist frau
brot ist reis und brot ist brot

brot ist gnade und brot ist recht
saint-just sprach: «le pain est le droit du peuple»
gib uns bitten les saints und gib uns les justes
gnade ist brot und gnade ist recht

salbung in bethanien

auch das noch –

mit crème de beauté
von einem emphatischen
mädchen gesalbt

und so

wie ein gigolo duftend
im tanzgriff
von madame la mort –

doch er lächelt und dankt

immerwährende kreuzigung

dogmen machen ihn dingfest
herrschaft legt ihn aufs kreuz
begriffe nageln ihn fest
kirchen hissen ihn hoch

nur einer tats

ich sterbe nicht
ich werde gestorben
auch du stirbst nicht
du wirst gestorben

das tatwort
sterben
belügt uns

wir tun es nicht
nur einer tats

das leere grab

ein grab greift
tiefer
als die gräber
gruben

denn ungeheuer
ist der vorsprung tod

am tiefsten
greift
das grab das selbst
den tod begrub

denn ungeheuer
ist der vorsprung leben

das könnte manchen herren so passen

Die Auferstehung Christi von den Toten ist in der Religionsgeschichte
analogielos, aber die apokalyptische Weltverwandlung
zu einem noch völlig Unvorhandenen findet ausserhalb der Eibel
nicht einmal eine Andeutung.
Ernst Bloch

Wenn aber das Wehen des heiligen Geistes das Volk,
den grossen Paria der Geschichte, ergreift ...
Ludwig Derleth

La mort est nécessairement une contre-révolution.
Pariser Mauerinschrift, Mai 1968

das könnte manchen herren so passen
wenn mit dem tode alles beglichen
die herrschaft der herren
die knechtschaft der knechte
bestätigt wäre für immer

das könnte manchen herren so passen
wenn sie in ewigkeit
herren blieben im teuren privatgrab
und ihre knechte
knechte in billigen reihengräbern

aber es kommt eine auferstehung
die anders ganz anders wird als wir dachten
es kommt eine auferstehung die ist
der aufstand gottes gegen die herren
und gegen den herrn aller herren: den tod

wiederkunft

wenn er kommt
wiederum kommt:
vielleicht ein indio jetzt
ein filippino
oder bantu (was weiss ich?)

wenn er kommt
wiederum kommt:
vielleicht eine frau jetzt
oder auch frau-und-mann
ein paar

wenn er kommt
wiederum kommt:
vielleicht in vielen
die neue gesellschaft
in der gerechtigkeit wohnt

wenn er kommt
wiederum kommt:
vielleicht die stadt gottes
das land der göttin die versöhnung
von mensch und natur

wenn er kommt
wiederum kommt
von einem ende
der erde
zum andern

So ist das

Denen wir lieber
aus dem Weg gehen
sind Dein Weg.

Die wir lieber
nicht sehen möchten
sind Dein Blick.

Die wir lieber
nicht hören möchten
sind Deine Stimme.

So ist das.
Und so:
bist Du.

christusbilder

clemens von alexandrien:
siehst du deinen bruder
so siehst du deinen gott

nur leben
entwirft
vom leben
lebendige
bilder

was schaben
was pinseln
die maler
auf kirchengerüsten
an toten gemälden?

des lebens
und seines fürsten
lebendiges bild
sind frauen
und männer

wer kennt schon
die not eines überaus dicken mädchens?

In jedem fetten Mann sitzt ein dünner gefangen, der mit wilder
Zeichensprache darum bittet, herausgelassen zu werden.
Cyril Connolly

Schlankheit gefällt wegen des besseren Anschlusses beim Beischlaf.
Georg Christoph Lichtenberg

Vielleicht ist Gott überhaupt eine Frau. Wer weiss das Gegenteil?
Ingmar Bergmann

wer kennt schon
die not eines überaus dicken mädchens?

man sagt:
nun ja – doch sie hatte ein gutes herz

stets braucht die gesellschaft
dicke mädchen mit guten herzen
in heimen spitälern kantinen
in fabriken geschäften büros

doch manchmal
möchten auch ihre herzen
verrückt und geliebt
statt immer nur gut sein

dann träumen sie liebe
in wetterleuchtenden farben
liebkosen den einsamen körper
abends im traurigen bett
mit den fühlsamen händen
des zärtlich erdachten freunds

später verschliessen sie
solche träume tief in ihre enttäuschung
und versuchen so tapfer als möglich
gut und gütig zu bleiben
statt böse und bitter zu werden

doch wer kennt schon
die heimlichen kämpfe
der überaus dicken mädchen
die man zur rolle bestimmt hat
gut und selbstlos zu sein?

ach wäre ein gott
ach wäre ein gott
der fleisch wird im fleisch
eines überaus dicken mädchens

welcher mut

1
herr
    aber ohne
    knechte

messias
    aber ohne
    macht

therapeut
    aber ohne
    kittel

kämpfer
    aber ohne
    waffe

revolutionär
    aber ohne
    partei:

schuldig gesprochen
    aber ohne
    verteidiger

gehängt
    aber ohne
    zuspruch

auferweckt
    aber ohne
    spektakel

2
«jesus

golden und silbern
nackt
in einem zimmer
mit heutigen menschen

welcher mut»

(joan baez)

Wie kamst Du gerade auf mich?

Auch heute wieder
frage ich mich,
wer Du warst oder bist,
was Du willst.

Viele
wissen das besser,
einige
folgen Dir nach.

Wie aber kamst Du
auch noch auf mich?
Bin doch nicht der,
den Du brauchst!

Dennoch,
dennoch
komm ich nicht los
von Dir.

Ungrund

Warum ich Christ bin,
das, ach, lässt sich erklären.
Nicht aber, warum Du
der Christus bist.

Ungrund Liebe.

Miniaturen

Kein Leben ohne Leiben

Jesus

Über Jesus ist alles längst schon gesagt worden, was gesagt werden kann. Und sogar mehr noch als alles, nämlich wild wuchernder Unsinn jenseits jeglicher Überlieferung und Vernunft. Dennoch ist es mir unmöglich, den Mund zu halten und weise zu schweigen.

*

Wohl keine geschichtliche Gestalt hat so wie Jesus derart viele, bald einander ergänzende, dann wieder einander total widersprechende Deutungen erfahren, um nicht zu sagen: erlitten. Insofern erging und ergeht es ihm ähnlich wie Gott selber. Beide sind sie wehrlos den Ausschweifungen menschlicher Fantasien und Erregungen ausgesetzt. Oder soll man es positiv ausdrücken? So etwa: Beide sind sie unversiegliche Quellen menschlicher Denk- und Glaubensenergien?

*

Immerhin stehen einige Fakten aber fest, zum Beispiel, dass Jesus ein galiläischer Jude war. Ebenfalls Juden waren seine Anhänger und seine Gegner. Deshalb bleiben Antisemitismus und Jesus-Glaube für immer unvereinbar miteinander.

*

Nach dem Evangelisten Matthäus (15,24) wollte Jesus sich «nur zu den verlorenen Schafen Israels» gesandt wissen. Jedenfalls argumentierte er fast immer von der jüdischen Überlieferung – der Thora (Gesetz), den Propheten, der Chokmah (Weisheit, Sophia) – her. Der Streit um seine Lehre und seine Person blieb eine innerjüdische Auseinandersetzung, die von der übrigen Welt nicht beachtet worden ist.

*

Fest steht auch, dass Jesu öffentliches Wirken eine relativ kurze Zeitspanne umfasst, mehr als drei Jahre auf keinen Fall, eher weniger. Von seinem vorherigen Leben ist nichts Verlässliches bekannt. Es scheint unauffällig gewesen zu sein. War er vielleicht verheiratet? Er wurde als «Rabbi» angeredet. Rabbi konnte nur ein verheirateter Mann werden.

*

Denkbar ist, dass Jesu handgreifliche Zornattacke gegen die Händler und Wechsler im Tempelvorhof und alle, die dort kauften und verkauften (Markus 11,15–19), den Entschluss, ihn zu beseitigen, beschleunigt, wenn nicht sogar ausgelöst hat (Markus 11,18: «Die Hohenpriester und die Schriftgelehrten hörten davon und suchten nach einer Möglichkeit, ihn umzubringen.»). Nutzniesser des blühenden Markttreibens waren letztlich nämlich die ebenso religiös wie wirtschaftlich dominierenden Jerusalemer Clans, in deren Kassen die Marktstandsgebühren und vermutlich auch Ertragsanteile flossen. Von nun an scheint Jesus als eine Art galiläischer Terrorist gegolten zu haben, der den Fortbestand des profitablen Tempelmarkts bedrohte.

*

Fest steht, dass Jesus im Alter von etwas mehr als 30 Jahren in Jerusalem zum Tode verurteilt und dann, an einen Kreuzgalgen gehängt, langsam zu Tode gefoltert worden ist. Unter Hintanstellung ökonomischer und religiöser Vorwürfe war die Anklage offensichtlich politisch zugespitzt worden zur Bezichtigung, einen Aufruhr gegen die römische Fremdherrschaft anzetteln zu wollen. Einzig der römische Statthalter war befugt, Todesurteile auszusprechen und vollstrecken zu lassen. Ihn interessierten allein politische Worte und Taten, nicht jedoch innerjüdische Interessenkonflikte, schon gar nicht religiöse Streitereien.

*

Anders als später Mohammed hat Jesus nichts Schriftliches hinterlassen. Die Absicht, eine neue Religion, gar eine Schrift- und Buchreligion, zu begründen, scheint ihm fern gelegen zu haben. Seine neutestamentlich erzählten Worte und Taten basieren auf mündlich überlieferten Zeugnissen. Diese enthalten u. a. den Hinweis, einmal habe er denn doch geschrieben, allerdings «mit dem Finger auf die Erde» (Johannes 8,6). Was sein Finger da schrieb, erriet niemand. Mit diesem Verhalten beschämte er einige Schriftgelehrte, die unter Berufung auf das geschriebene Gesetz des Moses die Verurteilung einer Ehebrecherin forderten. Jesus aber lehnte dies und damit wohl auch die patriarchale Schlagseite mancher mosaischen Gesetze ab.

Von unten her

Betrachtet Gott die Welt von oben herab? Zu dieser Annahme verleitet die Formel «Gott *im Himmel*» noch immer.

Aber das Evangelium behauptet, dass die göttliche Perspektive diejenige Jesu ist, der, innerhalb des römischen Weltreichs ein anonymer Provinzler, ein als Lokalrebell Gehängter, die Welt von unten her, d. h. aus dem Blickwinkel von Rechtlosen (Frauen, Kindern), Verstossenen (Aussätzigen), Landproletariern (Taglöhnern), Irrgläubigen (Samaritanern) und sozial Verfemten (Zöllnern) sehen lehrte.

Leibhaftig

Die altkirchliche Theologie entwickelte, anknüpfend an das Evangelium Johannes 1,1–14, die kühne Lehre von der Inkarnation, der Fleisch- resp. Leibwerdung des ewigen Gottes im sterblichen Menschen Jesus von Nazaret.

*

Vom Leib Jesu wissen wir nichts, ausser, dass es offenbar Frauen waren, die sich um ihn und seine Bedürfnisse gekümmert haben. Frauen salbten seine Füsse (Lukas 7,36–50; Markus 14,3–9; Matthäus 26,6–13; Johannes 12,1–8). Frauen sorgten für seinen leiblichen Unterhalt und den seiner Jünger (Lukas 8,1–3). Frauen gingen zu seinem Grab, um den toten Leib zu salben (Markus 16,1; Lukas 24,1). Die Vermutung, dass die frauliche Fürsorge für den Leib Jesu auch eine erotische Komponente gehabt hat, halte ich für zulässig.

*

Die Annahme, Jesus sei gleichsam asexuell gewesen, bedeutete, dass er nicht leibhaftig Mensch, Mann war.

*

Leib- und erosabwertende Vorstellungen der Spätantike verleiteten auch das retrospektive Jesus-Verständnis der christlichen Theologie mehr und mehr dazu, alles Sexuelle von der Person des Nazareners fernzuhalten. Das führte zu der Theorie von der unbefleckten Empfängnis Jesu (und dann ebenfalls Marias) und der jungfräulichen Geburt in Betlehem. Alles Vorstellungen, die der welt- und leibzugewandten Tradition Israels völlig zuwiderlaufen.

*

Zur hebräischen Bibel gehört das Hohelied, eine Sammlung erotischer Poesie. Leider hat keine Theologie versucht, die Zeugung und Empfängnis Jesu von diesen Texten her zu verstehen, die Geburt als Krönung eines göttlich gewollten und gesegneten Liebesaktes zu deuten. Auch der Heilige Geist wird von der erotisch-sexuellen Sphäre geflissentlich ferngehalten – wenigstens in der Theologie.

*

Was soll denn ein Glaube, der uns nicht lebendiger macht, der nicht die Fähigkeit zu lieben entwickelt, entfaltet? Wenn Gott, die Liebe selbst, in Jesus war, muss dieser in jeder Hinsicht ein grosser Liebender gewesen sein.

*

Ich habe nie begriffen, weshalb ausgerechnet der Zerstörer jedweder Liebe, der Teufel, «der Leibhaftige» sein soll. Er, der «Lügner» und «Vater der Lüge» (Johannes 8,44), sodass man nicht einmal weiss, ob nicht auch seine Existenz erlogen ist, wird nie leibhaftig fassbar, behaftbar. Deswegen kann er nicht gekreuzigt werden.

*

Es gibt kein Leben ohne Leiben. Aber auch kein Leiben ohne Leiden. Denn Leiber sind verwundbar, sind tötbar und auf jeden Fall sterblich. Insofern ist nicht der Teufel, sondern Jesus der Leibhaftige.

Seine Leibhaftigkeit ist so nachhaltig geblieben, dass bis heute sein Leib je und je wieder sakramental vergegenwärtigt wird.

Passion

Fromme Exaltation hat zuweilen behauptet: Niemand musste je einmal so masslos und entsetzlich leiden wie einst Jesus. Allein, im Verlauf der menschlichen Gewaltgeschichte und desgleichen in der Gegenwart wären Abermillionen Gefolterter und Gequälter vermutlich dankbar gewesen, ihr Leiden hätte relativ so kurz gedauert wie damals dasjenige des Nazareners.

*

Es genügt, mit dem apostolischen Glaubensbekenntnis festzustellen, dass Jesus, der Christus, gelitten hat «unter Pontius Pilatus». Sein Leiden war, wie das Leiden ähnlich Exekutierter, gross genug. Es bedarf keiner nachträglichen Steigerung durch eine sich selbst überhitzende Fantasie.

*

Der vom Tod Auferstandene hat, sozusagen als Identitätsausweis, seine Wundmale gezeigt (Johannes 20,24–29), sonst jedoch kein Wort mehr über seine Leiden verloren. Unsere Empathie, unsere Einfühlung soll fortan den Gewaltopfern gelten, von denen wir in unserer Gegenwart hören oder zumindest hören müssten, wenn wir offene Ohren hätten. Die Arbeit von Amnesty International und anderen Menschenrechtsorganisationen ist insofern immer auch weltlich-konkreter Dienst am Gekreuzigten.

*

Nicht zu vergessen: Passion bedeutet nicht nur Leiden, sondern ebenfalls *Leidenschaft*. Die Leidenschaft Jesu hat ihm Verfolgung, Verhaftung und ein im Eilverfahren gefälltes Todesurteil eingetragen. Seine Leidenschaft war, wie die Osterereignisse zeigten, nicht umzubringen, nicht auszulöschen. Sie sprang vielmehr auf seine Jüngerschaft und auf die ersten Gemeinden über.

*

Ob innerhalb oder ausserhalb der Passionszeit: Sprechen wir doch mehr und womöglich besser, engagierter, von der *Leidenschaft* Jesu Christi!

Krankheit, Heilung, Heil

1
Heilungen
«traten in der Jesusbewegung
an die Stelle,
die in der Widerstandsbewegung
terroristische Aktionen inne hatten».
(Gerd Theissen)

Widerstand jedoch auch sie:
Befreiung (wenn schon punktuell erst)
zum aufrechten Gang
unterm Terror von Mächten,
der Menschen verkrümmt,
sie kleinmütig halten will.

Und so: Leuchtzeichen des Heils,
des grossen Schalom!

2
Lahme gehen,
Blinde sehen,
Taube hören:
Sinne, wiedergewonnen,
schenken dem Dasein
wieder Sinn.

Und von Neuem
nehmen Geheilte teil
an Gemeinschaft, Geselligkeit, Kampf.
Geheilt z.B. Maria aus Magdala:
Stütze danach des jesuanischen Kreises,

erste Zeugin des Auferweckten,
apostola apostolorum.

3
Und der Heiler?
Bleibt krank mit Kranken,
solange noch Rücksichtslosigkeit
oder Elend
oder ein Schicksal, unratbar,
stets wieder krank macht:
«Ich war krank,
und ihr habt mich besucht.»
            (Matthäus 25,36)

Bleibt mit den Kranken,
die Ihm oft näher
als heillos Gesunde
(«heillos»? ja – Gesunde sind's,
die Gottes Schöpfung zerstören).

4
Kranke besuchen,
falls sie besucht sein wollen.
Kranke allein lassen,
falls sie allein bleiben wollen.
Kranke pflegen, denn:
«Um die Kranken soll man
vor allem und über alles
besorgt sein.
Man diene ihnen so,
wie wenn man wirklich
Christus dienen würde.»
    (Benediktiner-Regel)
Man diene ihnen so,
wie man möchte,
dass uns, wenn wir krank sind,
gedient wird.

5
Unmöglich,
in einer Welt,
deren Krankheit
die Gesunden sind,
gesund zu bleiben.

«Arzt, du sagst, dass ich gesund sei,
Dass nur meine Seele wund sei,
Nicht der Körper: denn mein Mund sei
blühend und mein Auge blank –
Arzt, du sagst, dass ich gesund sei:
Ich bin krank.»   (Franz Golffing)

6
Umkehr also,
Glaube,
Widerstand:
kann's bessere,
tiefere Heilung geben
für Gesunde wie Kranke?

Und dazu
die Bitte,
dass in uns wachse,
dass zu uns komme der Schalom
der geselligen Gottheit
(herstellend wieder Sinne und Sinn),
dass komme das Heil,
die kranke Welt
der Gesunden zu heilen.

ZOOM. Ein Artikel aus dem *Abratzky*

Name einer christlichen Kommune in Amsterdam, zusammengesetzt aus den Anfangsbuchstaben der vier Begründer. Z. besteht seit 1968 und zählte 1970 23 Mitglieder beiderlei Geschlechts, sowohl reformierter wie römisch-katholischer Herkunft. Seit 1969 bewohnt Z. als Wohnkollektiv ein grösseres Haus. Die Kommune vertritt ein libertäres Christentum und versucht, nach dem Vorbild der «Jesus-Kommune» (Lukas 8,1–3) zu leben. Das Privateigentum ist innerhalb von Z. aufgehoben. Die Kinder werden gemeinsam erzogen. Die Ehe wird anerkannt, doch nicht als exklusives Besitzverhältnis verstanden. Ihre Hauptaktivität entfaltet die Z.-Gruppe auf sozialem und pädagogischem Gebiet. Sie hilft Verzweifelten, Gestrandeten jeden Alters, indem sie sie eine Zeit lang in ihr Gemeinschaftsleben aufnimmt. Z. feiert keine eigenen Gottesdienste, hilft aber aktiv an neuen Gottesdienstformen ökumenischen Charakters in bestehenden Kirchengemeinden mit. Politisch zielt Z. auf eine Gesellschaftsreform im Sinne des libertären Anarchismus. *(Lothar Kieme: Z. – Versuch neuer Lebensformen, in: Ökumenische Rundschau IV/1969; Jan Geert: Libertäres Christentum, 1969)*

Essays

Die Herausforderung bleibt

Herausforderung zum Leben
Oder: Warum ich Christ bin

Dem Umstand, dass ich eingeladen werde, mich zum Thema «Warum ich Christ bin» zu äussern, entnehme ich, dass die Einladenden mich offenbar für einen Christen halten. Das ist verzeihlich. Schliesslich bin ich Pfarrer, stehe im Dienst einer evangelisch-reformierten Landeskirche und habe in meinen Publikationen nie ein Hehl daraus gemacht, dass Jesus und seine Botschaft für mich eine Herausforderung sind.

Dennoch ist es mir peinlich, mit schlechtweg allen, die Christen zu sein behaupten, in einem Atemzug genannt oder in den gleichen weltanschaulichen Topf geworfen zu werden. Diese Peinlichkeit wird allerdings dadurch gemildert und korrigiert, dass manche, die bessere Christen sind als ich, mir ihrerseits vorhalten, kein «richtiger» Christ, eher ein bedenklicher Unchrist zu sein, Predigttalar hin oder her. Und wer weiss? Kierkegaard hat die Annahme, dass ein Pfarrer eo ipso Christ, sogar Inbegriff des Christlichen sei, mit evangelischen Gründen und unerbittlichem Hohn bestritten. Wäre dann also Kierkegaard ein «wahrer» Christ gewesen oder hätte zum mindesten die «richtige» Vorstellung davon gehabt, wie ein Christ sein muss? Gibt es «den» Christen überhaupt?

Wie auch immer: In meiner Innensicht bin ich wohl weniger «Christ» als das von aussen her scheinen mag. Für einen Menschen aber, der durch Jesus und seine Botschaft herausgefordert, ins Unrecht gesetzt, mit Fragen behelligt, zum Leben ermutigt wird, halte ich mich allerdings.

Wieso aber ist für mich gerade Jesus zu diesem Herausforderer geworden? Wieso nicht Mohammed, die Bhagavad-Gita, Buddha, Lao-Tse?

Das danke ich dem Zufall meiner Geburt inmitten Europas, inmitten eines Kulturkreises, dessen Traditionen durch vielfältige Brechungen und Verformungen hindurch doch immer auch

Vermittlungen biblischer Erzählungen, der Gestalt und der Botschaft Jesu gewesen sind! Mohammed, der Nach-Christ, der Nachbar der Christen, interessiert mich; Buddha mutet mich fremder an (doch weshalb waren und sind Buddhisten seit eh gewaltloser als die Anhänger des doch auch mit Entschiedenheit gewaltlosen Jesus?); die Bhagavad-Gita ist mir ein unentdeckter Kontinent, der eben deswegen latente Neugier wachhält; Lao-Tse, dessen Tao-Te-King ich kürzlich las, überrascht mich, weil ich in vielem, was er vom «Tao» sagt, Gedanken und Vorstellungen entdecke, die meinen versuchsweisen Gottesvorstellungen entgegenkommen. Nein, ich glaube an keine exklusive Absolutheit und Überlegenheit der einen Religion über die anderen. Erst recht halte ich nichts vom Absolutheitsanspruch des «Christentums», der wohl doch ein ideologisches Relikt des europäischen Imperialismus ist – oder dann ethnozentrische Arroganz.

Dass gerade Jesus mein Herausforderer geworden ist, hängt damit zusammen, dass die Geschichte, in die ich nun einmal hineingeboren bin, ihn mir als solchen vermittelt. Das schliesst nicht aus, dass Mohammed, Bhagavad-Gita, Buddha, Lao-Tse usw. ebenfalls Herausforderungen sind oder noch werden können – für mich persönlich, für die Christenheit insgesamt. Aber es sind Herausforderungen durch «ein Anderes», von aussen her. Jesus hingegen ist Herausforderung aus dem «Eigenen», d.h. aus der gewiss oft nur behaupteten und beanspruchten, historisch aber nicht wegzuleugnenden «Christlichkeit» der eigenen Überlieferung.

Könnte ich beliebig wählen, durch wen ich herausgefordert sein möchte, so hörte die Herausforderung auf, eine solche zu sein. Ich würde einfach eine Wahl treffen, Lao-Tse oder Sufismus zum Beispiel, doch bliebe diese Wahl soziokulturell unvermittelt, wäre so etwas wie privatistische Willkür in einem geschichtslosen Raum und darum auch – für mich nicht unwichtig – ein Exotismus im Verhältnis zur Sprache, die mein Denken und das der Menschen um mich herum bisher geformt hat und immer noch formt.

Dass ich in ein bestimmtes Land, in eine bestimmte Sprache, in eine Tradition des Denkens und Handelns hineingeboren worden bin, heisst doch wohl: Ich habe das fortzusetzen, weiterzuentwickeln, was da war in denen, die zuvor lebten in dieser Weltgegend, die sich «christlich» nannte und mir tatsächlich die Möglichkeiten, Gefahren, Irrtümer des historischen Komplexes «Christentum» hinterlassen hat, unter dem, so glaube ich, die Botschaft Jesu weiterglimmt, nach bald 2000 Jahren noch immer ein uneingelöstes Versprechen und eine aktuelle Warnung. Diesen Jesus habe ich mir nicht ausgesucht.

In der Frühzeit meiner Entwicklung habe ich mich ihm vehement zu entziehen versucht. Dennoch fiel er mir schliesslich zu, fiel mich an in der Konsequenz jenes Zu-Falls, durch den ich in das historische «Christentum» hineingeboren, hineingestellt worden bin. Jesu Zu- oder An-Fall widerfuhr mir – nicht plötzlich, aber allmählich und sehr bestimmt – in jenen Jahren, als das «christliche Abendland» sich selbst ad absurdum führte und das Bibelvolk der Juden aus seiner Mitte vertilgte.

Welch anderer Art wären Herausforderung und Zumutung gewesen, wäre ich als Jude, Moslem, Hindu, Buddhist zur Welt gekommen? Keine Ahnung, Die Frage ist unbeantwortbar, tauglich bestenfalls als Gedankenübung mit dem Zweck, Juden, Moslems, Hindus, Buddhisten usw., die durch eine entsprechend andere Tradition herausgefordert sind, so ernst zu nehmen wie mich selbst oder meine Mit- und Gegenchristen.

Weshalb nenne ich als Alternativmöglichkeiten nur die religiösen? Weshalb nicht den Atheismus? Die europäische Alternative, der spezifisch europäische Beitrag zur globalen Geistes- und Religionsgeschichte ist zweifelsohne der Atheismus, die Negation Gottes.

Nicht atheistisch denken zu können, ist eine meiner Schwächen. Eine Schwäche deshalb, weil sie mich der Möglichkeit beraubt, mit dem Argument aufzutrumpfen: «Auch ich war einst Atheist – aber Gott hat mich überzeugt» (oder so ähnlich). Das Eingeständnis, nicht atheistisch denken zu können, verrät wahrscheinlich eine bestimmte psychische Struktur, mehr kann es – und das eben muss ich als Schwäche bezeichnen – nicht beweisen. Meine Versuche, den Atheismus nachzuvollziehen, sind nie über E. M. Ciorans Satz hinausgediehen: «Gott ist, sogar wenn er nicht ist.»

Für Schmähungen und Beleidigungen Gottes, für Lästerung, Blasphemie bin ich anfällig. Aber das ist noch lange nicht Atheismus, vielmehr sein Gegenteil. Schmähung, Lästerung verraten, dass wir vom Geschmähten, Gelästerten nicht loszukommen vermögen. Oft will mir scheinen, manche Atheismen seien von dieser unechten Art, seien religiös nicht abgenabelt, weshalb sie alsbald Opfer säkular-flacher Religionen und Gottheiten werden. Sind wir am Ende noch nicht in der Lage, dessen gewahr zu werden, was Atheismus wirklich ist? Dabei ist seit Langem die gesellschaftliche Praxis – auch im «christlichen» Europa – atheistisch. Werden uns erst die *Früchte* dieser Praxis zeigen, was Atheismus in Wahrheit ist und bewirkt? Jedenfalls: Atheismus ist für mich etwas noch unnennbar anderes als das, was ich bisher an Atheismus und Atheisten kennengelernt habe.

Vielleicht bin ich Christ, weil ich für mich und insgeheim für uns alle, die wir historisch im Bereich des «Christentums» leben, keine Alternative sehe zur Herausforderung, die Jesus Christus heisst. Liberalismus? Konservativismus? Existenzialismus? Sozialismus? Szientismus? Gut und schön! Oft auch: ungut, unschön – wie der geschichtliche Koloss «Christentum» ebenfalls. Mir kommt es vor, als seien diese Weltanschauungen, Philosophien, Sozialsysteme, inklusive «Christentum», bestenfalls Bruchstücke, Handlungsprovisorien (weil eben *jetzt* entschieden, *jetzt* gehandelt werden muss), aber noch keineswegs das, was unseren tiefsten Bedürfnissen und Möglichkeiten entspricht. Der Gedanke, dass wir mit unseren fragmentarischen Erkenntnissen, mit unserem provisorischen Handeln im Begriff sein könnten, eine irreversible Weltzerstörung anzurichten, erfüllt mich mit Angst. In dieser Angst, die nicht nur die meine ist, lassen mich Liberalismen, Sozialismen, Christentümer – zu schweigen vom Szientismus – erst recht allein, bringt mich ihr forcierter Optimismus erst recht zur Verzweiflung, all diese

Selbstbeschwichtigungen des «homo abyssus occidentalis» (Wystan Hugh Auden). Auf einmal scheinen mir die einst ungeliebten, übergangenen apokalyptischen Texte der Bibel realistischer, radikaler, darum hilfreicher zu sein. Auf einmal geht von der Angst Jesu – um die Welt, um Gott in der Welt, um uns Menschen, verdichtet in seiner Angst nachts in Getsemani, dann am Kreuz – etwas wie brüderliche Solidarität aus: Ich bin nicht mehr allein.

«Er ist die Wahrheit.
Suche Ihn im Königreich der Angst.
Du wirst zu einer grossen Stadt kommen,
die deine Rückkehr erwartet
seit Jahren.»
(Wystan Hugh Auden)

Täusche ich mich, wenn ich in manchen Äusserungen Jesu einen Pessimismus glaube feststellen zu können, der sich nichts abmarkten lassen will, auch nicht durch ein angepasstes «Christentum», das seine Botschaft auf Optimismus frisiert? Noch weniger hat dieser «Pessimismus» des Nazareners etwas zu schaffen mit einer Gerichtspredigt, die darauf ausgeht, ohnehin schon geängstigte, bedrängte, frustrierte Seelen noch kleinmütiger, noch zahmer, noch gefügiger zu machen. Vielleicht ist «Pessimismus» ein unzulängliches, ein zu schwaches Wort für das, was Auden mit der Metapher vom «Königreich der Angst» meint. Vielleicht sollte man sagen: Hier war einer durch den Zustand der Welt zutiefst getroffen und verletzt, lange bevor es ihn persönlich traf, bevor er selber körperlich verletzt und physisch getötet wurde. Dennoch hat er sich keine «harte Haut» wachsen lassen. Selbst der Auferstandene habe seine Wundmale gezeigt (Johannes 20,20), die Zeichen seiner Verletzbarkeit, seiner tödlichen Verletztheit. Sie sind, sie bleiben sein Identitätsmerkmal. Sie bezeugen, dass es schrecklich ist, in die Hände lebendiger Menschen zu fallen, am schrecklichsten für den, der, wie Jesus, eine Vision von den guten und heilvollen Möglichkeiten des Menschen hat.

Das Evangeliums-Stichwort für diese Vision heisse «Reich Gottes», wörtlich genau «Königreich Gottes» – der Gegenbegriff also zum «Königreich der Angst», dessen Bürger wir sind. Dass wir uns eine «harte Haut» wachsen lassen (es geht nicht anders, wir brauchen Selbstschutz), droht faktisch immer schon eine Option für das «Königreich der Angst» und gegen das «Königreich Gottes» zu sein: Wir unterliegen dem Zwang zur Anpassung, der Verführung zur Resignation und zum Zynismus. Der «Pessimismus» Jesu dagegen ist – o Wunder! – rein geblieben von Bitterkeit, von galligem Zynismus. Wie soll ich mir das erklären? Mir scheint, hier hat sich einer seine Getroffenheit und Verletzlichkeit ebenso unnachgiebig bewahrt wie gleichzeitig seinen Glauben an die dennoch offene Möglichkeit des ganz andern. Hier hält einer es durch, die Katastrophe kommen zu sehen und dennoch das kommende Reich Gottes auszurufen. Als Theologe kann man diesen scheinbaren Widerspruch ganz hübsch auf Begriffe bringen. Wie aber vollzieht man eine solche Haltung existenziell nach? Das ist die Frage, ist die Herausforderung des Nazareners für mich in einer Zeit, wo unvorstellbare Katastrophen (nach Max Frisch die «Apokalypse der Sachzwänge») auf uns zukommen, schon längst im Gang sind – Katastrophen, deren Perfidie darin besteht, unabwendbar und doch nicht notwendig zu sein: auch das wiederum ein Widerspruch, der einen verrückt machen kann, der uns mindestens – weil der Selbstschutzmechanismus der «harten Haut» auch vor dem Verrückt-Werden schützt – mit Angst, mit resignierendem Pessimismus, mit Zynismus erfüllt. In dieser Situation helfen mir Liberalismus, Konservativismus, Existenzialismus, Sozialismus und alle anderen -ismen wenig. Ich schaue unsicher, fragend auf den Mann aus Nazaret, den Verletzlichen und Unnachgiebigen, der sich weder von dem, was ich behelfsmässig «Pessimismus» nannte, noch von seiner Hoffnung auf Gottes schöpferischen Widerspruch zur Katastrophenwelt etwas hat abmarkten lassen.

Die Botschaft Jesu, soweit ich sie zu verstehen vermag, scheint mir einem harten Realismus (was den Jetzt-Zustand der

Welt betrifft) und einer hartnäckigen Hoffnung (was den Einst-Zustand, das kommende Reich Gottes, angeht) zu entspringen. Das Groteske an der Sache ist nun aber, dass ich – zusammen mit andern freilich, in der Gemeinschaft der Gläubigen – dazu motiviert werden soll, den Weg vom Jetzt ins Einst tatsächlich auch zu gehen. Mir wird zugemutet, mein Denken und Leben anstatt adaptiv nach dem Jetzt-Zustand antizipativ nach dem Einst-Zustand auszurichten. Eine glatte Über-Forderung selbst meiner besten Fähigkeiten! Doch gerade weil ich ihr nicht gewachsen bin, nie gewachsen sein werde, lässt sie mich nicht los. So gewiss diese Herausforderung auf andere Sozialstrukturen zielt, so aufsässig gilt sie doch mir persönlich, mir bereits hier und jetzt inmitten der heutigen Sozialstrukturen mit ihrem Katastrophengefälle. Der Sozialdarwinismus unserer Gesellschaft dispensiert mich nicht vom Gebot, gegenläufig zu leben, meine Nächsten (nicht zu verdrängen, zu beherrschen, auszubeuten, sondern) zu lieben – unter Einschluss derer, die mir ebenfalls Nächste geworden sind durch ihre Feindschaft, Der herrschende Mammonismus, der zur Besitzmehrung zwingt, weil allein Besitz Freiheit verschafft, dispensiert mich nicht von der Forderung, meinen Besitz zu teilen. Die heutige Gewaltgläubigkeit, die unsere Welt in harte oder sanfte Archipels Gulag verwandelt, in das *1984* des George Orwell (der, was heute gerne verschwiegen wird, Anarchist war), dispensiert mich nicht vom Gebot, der Gewalt ohne Gewalt zu widerstehen (d. h. zu leiden), auf Gewalt in all ihren privaten und strukturellen Formen zu verzichten.

Wie werde ich mit so radikalen Zumutungen fertig? Ich werde nicht fertig mit ihnen. Die Herausforderung bleibt. Sie macht mich zum Christen, zu einem, der nicht fertig werden kann mit dem, was ihm zugemutet und in der Zumutung angeboten wird.

Erst nach und nach glaube ich dahintergekommen zu sein, worin das zentrale Skandalon, die entscheidende Herausforderung Jesu besteht. Ich soll glauben, dass Gott Liebe ist (1. Johannes 4,8)! Wohin ich aber blicke, wohin ich mich begebe, herrscht nicht Liebe, sondern Kampf aller gegen alle. So ist es im Pflanzen- und Tierreich, erst recht unter den Menschen. «Es gibt auf der Welt keine andere Kraft als die Gewalt», schrieb Simone Weil, deshalb ist «Geschichte der Ort eines darwinistischen Prozesses, der noch unerbittlicher ist als derjenige, der das tierische und pflanzliche Leben regiert.» Heute erkennen wir, dass der soziale Darwinismus, anders als der natürliche, schliesslich auch die in der Selektion Starken, Siegreichen zu zerstören droht. Manche sagen deshalb, Gott – *der* Gott, der Liebe ist! – sei tot. Und es stimmt auch: Er ist getötet, ist gekreuzigt worden. Gott ist die gekreuzigte Liebe. Als gekreuzigte Liebe ist er unter uns, neben uns, gegen mich, mit mir. E. M. Ciorans Satz «Gott ist, sogar wenn er nicht ist» gewinnt in diesem Zusammenhang eine noch tiefere Bedeutung, besagt sub specie crucifixi etwa: Gott ist anwesend, sogar wenn er beseitigt ist, oder auch: Gott lebt, aber als der von uns Abgewiesene, Ausgewiesene.

Das tönt – wie mir peinlich bewusst wird – nach Paradoxon, nach Wort- und Gedankenakrobatik. Aber es sind hilflose Formulierungsversuche dessen, was man Transzendenz nennen könnte. Für mich steht fest, dass Gottes Transzendenz nicht metaphysischer Art ist, nicht auf irgendein Jenseits verweist, sondern dass sie genau das meint, was der Drei-Wörter-Satz aussagt: «Gott ist Liebe.»

Ich bin Christ (geblieben, erst recht geworden), weil mich der Gekreuzigte erlöst vom Alptraum eines metaphysischen Gottesgötzen, der Allmacht heisst und angeblich ein Über-Mensch, Über-Herrscher, Über-Ich, Über-Wir sein soll. Was kann ich mit einem solchen Über-Gott zu schaffen haben? Nichts, überhaupt nichts. Seine Über-Natur, seine Über-Geschichte gehen mich nichts an, lassen mich kalt. Mehr noch: Dieser Über-Gott mit seiner Allmacht erregt meine Abscheu.

Er ist ein Tyrann. Tyrannen aber muss man stürzen, darf nie ihr Komplize werden. Darum hat Karl Barth den für mich erleuchtenden Satz geprägt: «Der ‹Allmächtige›, das ist das Chaos, das Übel, das ist der Teufel [...] Dieser Rauschgedanke der Macht, das ist das Chaos, das Tohuwabohu, das Gott in seiner Schöpfung hinter sich gelassen hat, das er nicht gewollt hat, als er den Himmel und die Erde schuf.» Ebenso Kornelis Heiko Miskotte: «Wer [...] von Gottes Allmacht spricht, kann den Gehalt des Wortes nicht zu Ende denken, ohne sich in die Vorstellung einer leeren, monströsen Tyrannis zu verwirren.»

In diesem Zusammenhang muss ich die Bemerkung einschieben, dass ich wohl wesentlich auch deshalb Christ geblieben, erst recht geworden bin, weil ich als Theologe in der Schule der Theologie habe bleiben können, die in ihren inspirativsten Vertretern (neben Barth, Miskotte z. B. auch Dorothee Sölle, Eberhard Jüngel u. a.) den metaphysischen Gottesgötzen mit Entschiedenheit destruiert und Gott christologisch, d. h. von Jesus her, unter dem Aspekt der gekreuzigten Liebe, zu verstehen versucht. Wie, wenn ich nicht Theologe, nicht im Kontakt mit der Theologie wäre? Ich stelle mir diese hypothetische Frage mit Unbehagen, wenn ich mir vergegenwärtige, wie wenig theologische Erkenntnisse in der kirchlichen Verkündigung und Praxis durchschlagen, wie gängig hier die Vorstellung des allmächtigen Gottesgötzen immer noch ist. Als theologieferner Laien-Christ hätte ich vermutlich dem, was noch unentwegt als christliche Gottesvorstellung ausgegeben wird, längst den Abschied gegeben. Dabei bezeugt die charakteristische Ausprägung der christlichen Gottesvorstellung, nämlich die Lehre von der Dreieinigkeit, schon seit jeher einen Gott, der seinem Wesen nach nicht Über-Macht, nicht Autokratie und Tyrannis, sondern Gespräch, Begegnung, Gemeinschaft, also Liebe ist. Trotzdem hat das historische Christentum, wahrscheinlich den Denkzwängen seiner Weltanpassung folgend, Gott immer wieder primär als Macht und erst sekundär als Liebe verkündet. Darum beginnt z. B. die schweizerische Bundesverfassung (das Grundgesetz) feierlich mit dem Satz: «Im Namen Gottes, des Allmächtigen.» Ist dieser Gott aber, dessen Wesen Macht und Allmacht ist, dem Liebe nur als eine seiner verschiedenen Eigenschaften zugeschrieben wird, der Gott *Jesu*? Ich behaupte: Nein, er ist das soziomorphe Abziehbild irdischer Herrschaftsformen. Mag er auch als König über das Jenseits mit seinen sieben Himmeln gedacht werden, transzendent ist er gerade nicht – nicht so! Transzendent ist allein der Gott, dessen Wesen und dessen Allmacht Liebe – und nichts sonst – ist. Der zulänglichste Versuch, diese Transzendenz zu denken, scheint mir die Lehre der Dreieinigkeit zu sein, die, verglichen mit den Gottesvorstellungen anderer Religionen, das unterscheidend Christliche ist. Die Herausforderung Jesu besteht darin, dass er, ohne soziomorphe Zugeständnisse, deshalb im Widerspruch zur Jetzt-Welt, deshalb gekreuzigt, Gott als Liebe verkündet und gelebt hat. Jesus ist «das Ebenbild des unsichtbaren Gottes» (Kolosser 1,15) und als solches gerade nicht Symbol von Macht, sondern Bild der Ohnmacht. In einer Welt, in der bisher nur Macht und Gewalt zählten, kann Liebe nicht anders erscheinen als ohne Macht, um die ihr eigene – d. h. im Vergleich zu den uns gewohnten Machtformen transzendente – Macht entfalten zu können.

Eine Herausforderung, die mir in dieser Gestalt der gekreuzigten Liebe Gottes nahe kommt, mir zu nahe tritt, mich dazu drängt – wie könnte es anders sein –, ihr nachzuleben! Und damit beginnen Schwierigkeiten, die oft unüberwindbar sind, die mich in Unruhe halten, von Niederlage zu Niederlage, von Schande zu Schande, von Ohnmacht zu Ohnmacht. Man verschreibt sich nicht ohne Folgen einem Gekreuzigten. Nicht ohne Folgen? Zu ihnen gehören aber auch – und für mich vor allem anderen – Erfahrungen von Befreiung. Macht erzwingt ja immer Unterwerfung, damit Verstellung, oft Komplizenschaft. Liebe dagegen, die mir ohne Machtdrohung begegnet, löst und öffnet, macht mich unbefangener, ehrlicher, «stellt mich auf», macht mich frei für die andern. Ich darf sein, kann mich geben, wie ich bin, weil ich, wenn nicht von den Menschen schlechthin, so doch von der Liebe schlechthin, von Gott, akzeptiert bin. Gewiss, nach wie vor erzwingen Mächte und Sachzwänge meine Unterwerfung oder Anpassung, meine Verstellung, ja Komplizenschaft. Zu diesen Mächten, Sachzwängen gehört auch die Institution Kirche. Ich klage sie deswegen nicht an. Jede Institution, in der wir tätig sind, ist Machtgefüge, Machtzwang, der uns unumgängliche Anpassungen, taktische Verstellungen oder Komplizenschaften aufnötigt.

Im Zeichen der gekreuzigten Liebe lernt Hoffnung realistisch sein (wie umgekehrt Realismus auf Hoffnung gerichtet bleibt). Gott aber ist keine Institution, keine Zwangsmacht (Ludwig Strauss: «Dass Gott uns nicht zwingt, das ist seine Härte»), sein *Bild* bleibt der Gekreuzigte, also Machtlose, sein *Wesen* ist Liebe. Darum motiviert er mich zur Gelassenheit in unvermeidbaren Anpassungen, nicht weniger aber zur Kritik, gegebenenfalls zur Auflehnung, wenn offene oder versteckte Machtansprüche für mich oder andere unerträglich, oft auch nur zu frech werden.

Ich bin Christ, weil ich frei werde in diesem Glauben, wo Wörter wie «Gnade», «Vergebung der Schuld», «Versöhnung», «Liebe» trotz allem noch etwas bedeuten.

Ich würde mich unfrei fühlen in einem Konservativismus, der diese Wörter bloss paternalistisch gebrauchen kann, weil er Gottes Wesen in erster Linie doch als Macht und Allmacht versteht.

Ich fühle mich unfrei im Kapitalismus, weil dieser überhaupt kein Verhältnis hat (haben kann!) zu einem Gott, dessen einzige Macht die der Liebe ist.

Kapitalistischem Erfolgszwang, Erfolgsglauben stellte Martin Buber die Behauptung entgegen: «Der Erfolg ist keiner der Namen Gottes.» Das könnte auch vom Gekreuzigten her gesagt werden. Der Kapitalismus spiegelt sich ebenfalls eher in jenem Gott, der Macht/Allmacht ist. Darin trifft er sich mit dem Konservativismus, sodass es nicht verwundern kann, wenn das Grundgesetz meines kapitalistisch-konservativen Landes eben anhebt «Im Namen Gottes, des *Allmächtigen*».

Ich vermute, dass dem christlichen Glauben (an den dreieinigen Gott, an den Gekreuzigten) eine demokratisch-sozialistische Praxis mit föderalistisch-libertärer Tendenz gesellschaftspolitisch am besten entsprechen würde. Gerade deswegen werden mir sozialistische «Gerechtigkeit» und «Solidarität» unheimlich, sobald aus ihnen das Wasserzeichen des Gekreuzigten getilgt ist. Muss ein solcher Sozialismus, für den dann auch Wörter wie «Gnade», «Vergebung», «Liebe», «Gott als

Liebe» bourgeoise Überbau-Vokabeln sind, nicht notwendigerweise einer intoleranten Gesetzlichkeit verfallen, die ihrerseits Freiheit abblockt, Ketzer verfolgt, Kreuze aufrichtet und sich damit auf säkularisierte Weise doch wieder dem Gottesgötzen der Macht und seiner bürokratisch-ideologischen Priesterschaft unterwirft?

Die Kirche ist gewiss nicht «besser» als die jeweilige Gesellschaft, in der sie lebt und deren Machtglauben, deren Krankheiten, vor allem auch deren Schuld sie teilt. Bestenfalls ist die unterscheidende Tugend der Kirche die, dass in ihr von *Schuld* gesprochen werden kann, dass davon vom Gekreuzigten her gesprochen werden *muss*, weshalb sich hier dann doch immer wieder Gewissen bilden und Vergebung ereignen kann.

Ich glaube, dass ich deswegen Christ bin, weil ich durch einzelne Christen erfahren habe und noch immer erfahre, was Vergebung ist. In ihr ist mir die schöpferische Herausforderung Jesu konkret begegnet. Vergebung befreit und verändert: mich, den andern und unsere Beziehung zueinander. Vergebung setzt frei, wo Gefangenschaft war. Sie schafft eine Solidarität, die auch unsere dunklen, gefährlichen Seiten mitträgt. Dadurch wird sie zu einer Quelle von Freundschaft und Liebe. Inmitten von Fatalismen und Sachzwängen ist Vergebung ein Akt der Freiheit und der Befreiung, der mich als Bürger im «Königreich der Angst» zu neuer Hoffnung, zu neuen Schritten motiviert auf das von Jesus angesagte Reich jenes Gottes zu, der Liebe, Freundschaft, Brüderlichkeit ist. «*Unser* Glaube *ist* die Auferstehung von Toten» – dieser Satz Tertullians umschreibt in etwa meine eigenen Erfahrungen, die ich andern Christen und ihrer Vergebung, Freundschaft, Liebe verdanke. Durch die Erfahrung mit ihnen bleibe ich geprägt und herausgefordert.

«Mein» Jesus

1

Nie habe ich von ihm geträumt. Unter der Schwelle meines
Bewusstseins wimmelt es von Bildern, doch das seine ist nicht
darunter, er scheint für mich keine Traumfigur, geschweige
denn ein C. G. Jung'scher Archetyp zu sein. Möglich, dass er in
den Träumen anderer, frömmerer Menschen auftaucht. Bisher
hat mir freilich noch niemand davon erzählt.

Ist Jesus aus den Träumen neuzeitlicher Menschen vielleicht
ausgewandert? Oder ist gerade in seinem Falle das Unbewusste
so bild-verweigernd, wie es die frühe Christenheit oder später
der radikale Flügel der Reformation gewesen sind?

Jedenfalls ist er keine Manifestation, kein Erzeugnis meines
Unbewussten.

2

Sogleich aber melden sich Fragen. Die Feststellung, dass ich
nie von ihm geträumt habe, geht ja von der Annahme aus,
dass er tatsächlich so aussehen muss, wie kirchliche Kunst
ihn seit Jahrhunderten dargestellt hat. Darf diese Annahme
jedoch hingenommen werden? Unterwerfe ich mich damit
nicht einem Fantasie- oder Irrbild? Möglicherweise war er
eben doch in einigen meiner Träume, aber unerkannt und in
einer Gestalt, die mit der Kunstfigur kirchlicher Glas-, Altar-
oder Bibelmalereien nichts zu schaffen hatte? Vielleicht
schaute er mich an aus den Augen bekannter oder wild-
fremder Menschen? Ein anderer also, der vielleicht auch die
Gestalt einer geselligen Szene, eines heiteren Gottesdienstes,
einer lichtüberfluteten Stadt oder eines dämmrigen Hauses
angenommen hatte?

Möglich aber auch, dass ich nie von ihm träumte, weil ich
mich ihm zu wenig geöffnet habe, von ihm zu wenig tief durch-
drungen bin. Ohnehin und überhaupt ist es vermessen, von

«meinem Jesus» zu reden, das besitzanzeigende Fürwort mit ihm zu verknüpfen.

3

Und dann begegne ich Holzplastiken, die nichts weiter zeigen als einen hageren Mann am Galgen, kleidlos, darum zeitlos, ecce homo. Sie stellen meiner Innenwelt die mörderische Aussenwelt entgegen. Der Hingerichtete aus Holz könnte ein gehängter Guatemalteke oder Äthiopier, ein gelynchter Ugander oder schwarzer Südafrikaner sein – nicht «mein» Jesus jedenfalls, viel eher ein Jesus gegen mich, gegen uns Angehörige eines Volkes, dessen demokratisch gewählte Regierung ihre schützende Hand über Grossbanken und Konzerne hält, die mit den Hintermännern von Mörderbanden und Todesschwadronen so gut verdienend im Geschäft sind, dass wir alle dabei ganz schön mitprofitieren. Der Kapitalstrom aus der Dritten in die Erste Welt war 1983 um rund zwei Milliarden Dollar höher als der Kapitalstrom aus der Ersten in die Dritte Welt. «Nettokapitaltransfer» heisst der Fachausdruck für diese finanzielle Ausblutung der Dritten Welt. Die Transferwege sind gesäumt von den Leichen des Hungers, der Gewalt. Stumm hält mir der Mann am Galgen solche Zusammenhänge vor Augen. Das Holz seines Körpers ist oft dunkelbraun, oft schon verschwärzt: Pigmentfarben der Dritten Welt.

Was Wunder, dass meine Träume von DIESEM Jesus und von seiner unaufhörlichen Passion und Agonie nichts wissen mögen!

4

In Gesprächen, immer wieder und heute unvermeidlicher denn je, die Frage: Warum lässt Gott das alles zu – den Hunger, die Kriege, die Vorbereitungen zum atomaren Holocaust, die ökologische Katastrophe?

Ich kann dem Wort «zulassen» nichts abgewinnen. Gleich schwingt da ja auch das Wort «zuschauen» mit: Gott, indem er zuschaut, lässt zu – oder ebenfalls: indem er zulässt, schaut er zu. Was hat das noch mit dem Mann am Galgen zu tun? Der schaut nicht zu, der lässt nicht zu, der *lässt sich ein!* Er lässt sich ein auf das, was Menschen tun, was sie einander und darum auch ihm selber antun, von dem der Hauptmann des Hinrichtungskommandos nach der Exekution sagt: «DIESER Mensch war in Wahrheit Gottes Sohn!» (Markus 15,39)

Vom Gekreuzigten fällt die Frage, warum Gott «das alles» zulasse, auf uns, die Frager, zurück. Wir sind's, die eine Weltwirtschaft zulassen, die uns fett und übergewichtig macht, andere dafür in Massen verhungern lässt! Wir sind's, die uns eine Politik gefallen lassen und sie als Wähler oft noch unterstützen, die Abrüstung verspricht und Aufrüstung betreibt! Wir sind es, die, unwillig zur Änderung liebgewordener Konsumgewohnheiten, ökologische Katastrophen zulassen!

Wir, nicht er!

Er ist gekommen, er liess sich auf unsere Unheilsgeschichte ein, um uns zur Umkehr, zur Metanoia, zu bewegen im Namen eines Gottes, dessen Leidenschaft seiner Schöpfung und dessen Liebe uns Menschen gilt.

5

Ich kann von Jesus nicht – oder nicht nur – historisch denken. Ich rede und streite mit ihm als einem Gegenwärtigen. Vermutlich ist das meine Weise, seine Auferstehung zu glauben, ohne sie mir vorstellen oder anderen beweisen zu können. Dabei sehe ich manchmal, wie gesagt, den nackten Mann am Galgen vor mir. Vielleicht aber auch andere Menschen: Frauen, Männer, Vertraute oder Fremde, einen Sterbenden, ein Kind, einen Gegner. Oft sehe ich nichts vor mir als bestimmte Bibelseiten, z.B. jene mit der Bergpredigt, jene mit dem Gleichnis vom wiedergefundenen Sohn, die Seiten mit den Passions- und Ostergeschichten – und so weiter, je nachdem.

Nein, nicht eine historische Figur nur, insofern nicht bloss Jesus, sondern für mich ebenso «der Christus», d.h. der Messias, der Kommende – auch wenn just sein Kommen neue Identitätsprobleme aufwirft. Wie, wenn «der» Kommende «die» Kommende wäre? Oder Mann und Frau, ein messianisches Paar? Oder weder das eine noch das andere, wohl aber die neue Gesellschaft, in der Gerechtigkeit wohnt? Ich versuche, mir seine Zu-uns-Kunft nicht durch starre Vorstellungen zu ver-stellen, alle Möglichkeiten offenzulassen. Waren es nicht traditionell verfestigte Messias-Bilder, die seinerzeit zur Verblendung gerade der «frommen» Traditionswächter und damit zur Verwerfung des Nazareners führten?

Die Erscheinungsweise des Kommenden, denke ich mir, wird so anders als die frühere sein, wie die Ordnung der Dinge, die er bewirkt, anders als jede bisherige sein wird. Dennoch wird der «Neu-Ordner» identisch bleiben mit den Worten, den Sätzen, die wir aus den Evangelien und aus dem Munde des «historischen» Jesus kennen.

Was meine Gegenwart betrifft: Realistischerweise kann ich der Zukunft der Menschheit nur wenige Chancen geben. Doch wird mein «No future»-Realismus ständig und auf eine mir selbst nicht erklärbare Weise transzendiert von einer irrationalen Erwartung auf den, die, das Kommende(n). Eine (oder sogar: die?) Quelle dieser Erwartung scheint das Dauergespräch mit der Bibel und mit Jesus zu sein.

6

«Mein» Jesus?

Nicht doch! Er ruft zur Umkehr. Umkehr aber bedeutet, dass er aufhört, «mein» Jesus zu sein, weil ich anfange, sein Kurt Marti zu werden.

Dennoch ist das Wort «Nachfolge» ein viel zu grosses Paar Schuhe für mich. Ich zähle mich nicht zu seinen Jüngern, eher zum Volk, das ihn aufsucht, ihm zuhört, mit ihm diskutiert (und auch streitet). Selbst das bleibt jedoch nicht folgenlos. Ebenso unbeabsichtigt wie offenbar unvermeidlich gerate ich stets wieder in Konflikt mit meinem bürgerlichen Milieu und meiner bürgerlichen Milieukirche. Doch nicht bloss ich. Einigen anderen geht es genauso. Mit ihnen, bei ihnen erlebe ich am ehesten das, was man Gemeinde Jesu Christi nennt.

Wohin aber führen diese immer wieder aufbrechenden Dissidenzen und Konflikte?

7

Im Gespräch mit Jesus ist mir nach und nach klargeworden, dass sein Ruf zur Umkehr uns heute wegruft von einem Kapitalismus, der die Kluft zwischen Reichen und Armen weltweit auf eine immer katastrophalere Weise vergrössert (mit täglich vielen Tausenden von Hungeropfern!).

Genau an diesem Punkt freilich beginnt meine Ratlosigkeit. Wie lebe und handle ich mit einer solchen Einsicht in einem Land, in dem der Kapitalismus erstaunliche Binnenerfolge aufzuweisen hat? Fast zu gut begreife ich meine Kirche, die sich wohlig im Schosse dieses Kapitalismus kuschelt und die Augen verschliesst vor seinen weltweit verhängnisvollen Auswirkungen. Der Marxismus mit seiner zentralistisch-undemokratischen Praxis kann ja auch keine Alternative sein.

Was also? Dass Jesus mich auf dieser Frage sitzen lässt, nehme ich ihm übel. Nicht, dass ich von ihm ein politisches Programm erwartete! Ich möchte bloss deutlichere politische Perspektiven aufgezeigt sehen. Oder lässt er mich und uns auf der Frage sitzen, damit wir diese Perspektiven selber entwickeln? Haben wir weissen Christen in den Industrieländern diese Arbeit vielleicht sträflich vernachlässigt?

8

Inzwischen haben immer mehr Christen in Lateinamerika, Südafrika, Südkorea, auf den Philippinen und anderswo in der (nur so genannten!) Dritten Welt bei Jesus sehr wohl politische Perspektiven für ihr Denken und Handeln gefunden. Viele von ihnen haben dafür mit dem Martyrium bezahlt. Und wieder – immer wieder – sehe ich den nackten Crucifixus vor mir in den Pigmentfarben der Dritten Welt.

Ist Jesus heute vor allem *dort*? Kommt uns die Antwort, die wir *hier* nicht finden können (vielleicht auch nicht finden wollen?), von *dort*?

Die Hoffnung, die meinen realistischen «No future»-Pessimismus ebenso irrational wie unabweisbar transzendiert, antwortet: Ja.

Gespannt verfolge ich, was die Christen *dort* denken und sagen, tun und leiden. Immer wieder geben sie mir Mut zum Christ-Sein *hier*. In ihrer Vision von einer radikal-demokratischen Kirche und Gesellschaft erkenne ich die Intentionen Jesu wieder. Ihre Leidenschaft für eine Gerechtigkeit *für alle* entspricht der Botschaft Jesu und verspricht einen radikal-demokratischen Sozialismus, der vom Evangelium inspiriert ist, vom Glauben an das kommende Reich Gottes.

Utopie? Eher möchte ich mit den messianischen Zeilen von Hilde Domin sagen: «Der Neuordner, / er schläft / in dir, / in mir, / fingernagelgross.» Anderwärts aber ist er erwacht. Darum erst recht nicht «mein» Jesus! Als Befreier der andern ist er unterwegs, um auch uns *hier*, um auch mich zu wecken und zu befreien aus babylonischer Gefangenschaft und Entfremdung.

Das Engagement Gottes

1

Was besagt das Wort «Engagement»? Seine erste Bedeutung ist: Anstellung. Ein Sänger wird an ein Theater engagiert. Quentin wurde als Flügelstürmer vom FC Zürich engagiert. Direktor Heiniger engagiert eine neue Sekretärin usw.

Und Gott? Wird auch Gott von jemandem engagiert?

Ja, sagen atheistische und gläubige Religions- und Kirchenkritiker: Die Kirchen stellen Gott in ihren Dienst; die herrschenden Klassen der Gesellschaft engagieren Gott für sich; die weisse Rasse hat Gott für ihre Zwecke in Dienst genommen und ihn mit weisser Hautfarbe ausgestattet. Immer wieder versuchen Menschen, Gruppen, Völker, Rassen Gott zu engagieren, damit er für sie arbeite, damit er ihre Interessen verfechte und durchsetze. So wird Gott gleichsam als Arbeitskraft angestellt, die uns unsere Geschäfte besorgen hilft. Viele zahlen Kirchensteuern, um sich die göttliche Arbeitskraft für den Katastrophenfall in Reserve zu halten, wenn alle Hilfe sonst versagt.

Arbeitskraft ist eine Ware, die auf dem Arbeitsmarkt gehandelt wird. Gott als Arbeitskraft betrachten, die man für sich anstellen kann, heisst ihn als Ware betrachten. Es ist nicht verwunderlich, dass in einer Gesellschaft, die nahezu alles, von der politischen Überzeugung bis zur Sexualität, zur Ware gemacht hat, auch Gott als eine Art Ware ver- und gehandelt wird. Doch der zur Ware (wenn auch zu einer geistigen) gemachte Gott ist – biblisch gesprochen – ein Götze.

Was wir engagieren, anstellen, manipulieren als «Chummer-z'Hülf», als himmlische Arbeitskraft, ist deshalb nie Gott. Wenn sich der Mensch die ganze Welt engagieren und dienstbar machen kann – Gott bleibt frei, weder käuflich noch manipulierbar.

2

Durch den französischen Philosophen und Schriftsteller Jean-Paul Sartre (geb. 1905) gewann der Begriff «Engagement» eine neue Bedeutung. In seinem Essay *Was ist Literatur?* prägte Sartre die Begriffe «engagierte Literatur» und «engagierte Schriftsteller». Danach ist der «engagierte» Autor weder ein an Zeitproblemen desinteressierter Schöngeist noch ein bezahlter Propagandist, sondern ein freier Mann, der sich aus Überzeugung und aus freien Stücken für politische und soziale Veränderungen einsetzt, dessen Werke also gesellschaftliche Nah- oder Fernziele anvisieren. «Engagement» in diesem Sartre'schen Sinne ist vom rückbezüglichen Tätigkeitswort «*sich engagieren*» abzuleiten. Sartre, der Atheist, von dem Bischof Dibelius einst überheblich sagte, in seinem Herzen seien «alle Sterne erloschen», hat sich zeit seines Lebens leidenschaftlich und ohne Selbstschonung engagiert: in der französischen Resistance – für die Arbeiterschaft – gegen Frankreichs Indochina- und Algerienkrieg – für Recht und Selbstbestimmung der Farbigen überhaupt – gegen die Sowjetunion 1956 (Budapest) und 1968 (Prag) – gegen den Krieg der USA in Vietnam usw. Jederzeit stand Sartre, sehr im Unterschied etwa zu seinem Kritiker Dibelius, auf der Seite der Armen, der Unterdrückten, der Revoltierenden. Mit seinem Engagement ist der Atheist Sartre Beispiel und Vorbild auch vieler engagierter Christen geworden. Was er einmal vom Schriftsteller forderte, müsste eigentlich auch für Prediger und Christen gelten. Der Schriftsteller so schrieb Sartre, müsse «wie ein Mann auf sein Ziel schiessen und nicht wie ein Kind auf gut Glück mit geschlossenen Augen und nur, um vergnügt das Knallen zu hören».

3

Gott ist frei. Von einem «Engagement Gottes» kann deshalb nur im Sartre'schen Sinne des Wortes «Engagement» gesprochen werden.

Wofür engagiert sich Gott?

Für keinen Staat, für keine Ideologie oder Weltanschauung, für kein Volkstum, für keine Wirtschaftsinteressen. Er identifiziert sich weder mit den religiös-nationalen Führern der Juden noch mit dem Kaiser in Rom, weder mit einer jüdischen noch mit der römischen Staatsideologie, weder mit der herrschenden Feudalklasse der Sadduzäer noch mit den eher oppositionellen Pharisäern. Gott identifiziert sich mit keiner *Macht*, sondern mit dem konkreten, einzelnen Menschen Jesus von Nazaret, der gegen alle herrschenden oder oppositionellen Mächte bei den Ohnmächtigen ist: als Neugeborener in einer Notunterkunft in Betlehem, als Verurteilter zwischen zwei Kriminellen am Galgen. Beginn und Ende des Aussenseiters von Nazaret manifestieren seine eigene Ohnmacht. Und doch bezeugt die Kirche gerade von diesem Ohnmächtigen: Gott hat sich mit ihm identifiziert, ein für alle Mal! In diesem Jesus engagiert sich der Schöpfer für eine Struktur ordnender Herrschaft, die die Beherrschten nicht zu Objekten erniedrigt, sondern zu Brüdern des Herrschers erhöht.

Krippe und Kreuz entwerfen das Bild einer neuen Art von ordnender Macht und Herrschaft: Eher lässt sich der Herrscher zum Objekt seiner Brüder degradieren als umgekehrt. Von Weihnachten her werden die Begriffe «Herr», «Herrschaft», «Macht» in Beziehung auf Gott und Christus missverständlich, weil wir diese Begriffe immer nach den Modellen weltlicher Machtausübung deuten. Mit Weihnachten aber, mit dem Kind in der Futterkrippe, beginnt Gott eine ganz andere Art der Machtausübung als die eigentlich göttliche und deshalb auch als die eigentlich menschliche einzuführen: eine Machtausübung, deren Träger es vorzieht, selber zu leiden, anstatt andere leiden zu machen, der sich eher hassen lässt als hasst, der sich lieber unterdrücken lässt, als dass er andere unterdrückt. Im Verhältnis zum gewohnten Gebaren der Mächte kann diese neue Art von Macht nur als Anti-Macht also als Ohnmacht auftreten.

In der Un-Macht und Ohn-Macht Jesus von Nazaret engagiert sich Gott inmitten der korrumpierten, zerstörerischen Mächte unserer Geschichte und Gegenwart für eine radikal andere Form von ordnender Macht, deren Antriebe nicht Gewalt, Unterdrückung, Ausbeutung sind, sondern Liebe, Befreiung, Befriedigung. Im Kind von Betlehem und im Mann am Kreuz engagiert sich der Schöpfer für eine zugleich göttlichere und menschlichere Zukunft unserer Welt. Das kommende Reich, die kommende «Herrschaft» Gottes ist also mehr als nur ein Wechsel an der Spitze, so als ob die konkurrierenden Herren der Welt abgelöst würden von dem *einen* Herrn – sonst aber bleibt alles beim alten. Mit «Herrschaft» Gottes ist nicht nur die Ablösung von (je nachdem) bösen, dummen, mittelmässigen, eitlen Herren durch einen guten Herrn gemeint, sondern die Errichtung einer Ordnung, die prinzipiell anderer Art ist als alles, was bisher «Macht», «Ordnung», «Herrschaft» hiess und heisst.

Wie und inwiefern die kommende Herrschaft Gottes anders ist, zeigt die Person Jesu. Der Stern über dem Notunterschlupf und dem Neugeborenen, diesem leibhaftigen Inbegriff von Anti-Macht und Un-Macht, sagt der Menschheit eine neue Zukunft an, mit freieren Lebensmöglichkeiten. Mehr noch: Im Augenblick jener Geburt unter dem Stern hat die neue Zukunft schon begonnen. Sie bahnt sich durch die Wirrnisse und Katastrophen der von uns Menschen so schlecht gestalteten Geschichte ihren Weg. Jeder von uns, der sich mehr an der Anti- oder Un-Macht der Liebe Christi als an der Gewalt und Selbstbezogenheit der herrschenden Mächte orientiert, ist auf diesem Weg ins Neue.

«Ist Jesus der Mensch gewordene Gott?»
Ein Brief an Robert Mächler

Darf ich mit Ihrer Nachschrift einsetzen? Sie zitieren in der Menschensohn-Frage Marti gegen Marti.

Tatsächlich: Der Marti 1973/74 spricht und schreibt anders als der Marti 1963/64 (damals ungefähr hielt ich die erwähnte Markus-Predigt). So wohlgemut wie vor zehn Jahren kann ich die Identität von Menschensohn und Jesus im Bewusstsein dieses letzteren heute nicht mehr behaupten, weil ich inzwischen einiges dazu gelesen und dazugelernt habe. Ich hoffe, unkritischen Harmonisierungen, kurzschlüssigen Problemlösungen bei mir selbst besser auf die Schliche gekommen zu sein, stelle allerdings fest, dass mir dadurch das Predigen zusehends schwerer fällt.

Aber: «Nach dem Masse seiner Sehnsucht und seines Denkvermögens vertraut der christliche Freigeist auf die Eigenkraft der evangelischen Wahrheit und wirkt darauf hin, dass menschliche Wahrhaftigkeit gleichsam deren Atom-Energie freisetze und nutzbar mache. Er bezeugt mit dem ungetauften jüdischen Christen Franz Werfel: ‹Es gibt auf dieser Erde gar keine andere Frage als Christus.›» Mit diesen Sätzen schloss Ihr Buch *Der christliche Freigeist*. Ich weiss, Ihre Position hat sich seit damals stark gewandelt. Darum haben Sie bestimmt Verständnis dafür, dass sich auch die meine verändert hat. Nichts ist ja schlimmer, als wenn man stehenbleibt, nur noch «Verweser seiner selbst» (Nestroy) spielt. «Standpunkt» ist kein Evangeliumswort, «Weg» aber ist eines. Jeder «Weg» führt von früheren Standpunkten weg.

Ist Jesus der Mensch gewordene Gott? Ich halte diese Formulierung für sinnvoll. Aber sie entstammt mythologischem Denken, und deshalb ist sogleich zu fragen: Was sagt sie denn aus? So wie Sie könnte ich jedenfalls den Satz nicht interpretieren. Mir scheint nämlich, dass Sie von einem Vorverständnis Gottes ausgehen, das ebenfalls mythologisch ist, von der Vorstellung Gottes als des Ur-Vaters, des Ur-Herrschers, des All-Mächtigen usw. – alles soziomorphe Vorstellungen, die, von der Erfahrung irdischer Mächte und gesellschaftlicher Machthaber (Könige!) ausgehend, Gott zum Super-Herrscher (und so zugleich zum Garanten irdischer Ordnungen und gesellschaftlicher Hierarchien!) machen.

Meine Frage lautet: Hat dieser Herrscher-Gott, dieser Zuschauer in der Regierungsloge des Welttheaters oder Super-Regisseur hinter den Kulissen, überhaupt etwas mit dem Gott Jesu zu tun, der – ich wiederhole 1. Joh 4,8! – seinem *Wesen* nach (und also nichts anderes als:) Liebe ist? Nicht paternalistische Güte, nicht herablassendes Wohlwollen eines Herrschers, sondern Liebe – und weil Liebe auch Schmerz, auch Leiden! Darum konnte der japanische Theologe Kazoh Kitamori eine «Theologie des Schmerzes Gottes» schreiben, die der immer noch herrschenden Vorstellung vom stoischen oder gar apathischen und erhabenen Weltherrscher vehement widerspricht.

Hat sich nicht auch die Kritik der alttestamentlichen Propheten immer schon gegen eine Vorstellung gerichtet, die Gott entweder mit einem Naturdämon oder mit einem Garanten etablierter Herrschaft oder mit einem indifferenten, erhabenen Schiedsrichter verwechselt? Von dieser Vorstellung gehen auch Sie aus; wie könnten Sie sonst so selbstverständlich fordern, Jesus, falls er der menschgewordene Gott sei, müsse alles vorauswissend, also allwissend gewesen sein? Damit unterstellen Sie, dass Jesus kein Mensch hätte sein dürfen, nur ein Schein-Mensch. Doch wo bleibt da die *Mensch*-Werdung, wenn darunter nicht das aus allen Religionen bekannte Mythologoumenon vom irdischen Gastspiel eines als Mensch nur vorübergehend verkleideten Gottes verstanden werden soll?

Ich fürchte, Sie stellen sich unter Menschwerdung Gottes in Jesus doch irgendeine mythologische Theateraufführung vor, und entsprechend ist dann auch die «Rolle», die Sie Jesus zuweisen möchten: Er soll sich betragen wie eben ein als Mensch verkleideter Gott, wobei Sie von einem ganz bestimmten Vorverständnis von Gott ausgehen, das man noch genauer nach seinen Ursprüngen hinterfragen müsste.

Ich kenne den Gott, der in Jesus Mensch geworden ist (um diese Formel, weil sie sinnvoll ist, beizubehalten), nur so weit, als er in Jesus Mensch geworden ist. Ich weiss nicht, wie er «an und für sich» und abgesehen von Jesus ist. Ich kann mich von anderen Gottesvorstellungen faszinieren lassen, bleibe aber geimpft durch die prophetische Kritik an den Götzen und an den Vergötzungen auch Gottes. Darum bin auch ich – wie Sie, nur aus anderen Motiven – gegen einen Jesus-*Kult*, also gegen eine Vergötzung und kultische Fetischisierung Jesu. Die gab's und gibt's allerdings. Sie läuft meistens auf eine stabilisierende Verklärung herrschender Verhältnisse hinaus: Der kultische «Herr» versteht sich oft recht gut mit den politischen «Herren». Jesus selbst aber wollte nicht Kult, sondern Nachfolge! Und gerade darin erweist er sich als das Mensch gewordene Wort Gottes – *des* Gottes, der Liebe ist.

Ich gebe Ihnen recht: Das Arge innerhalb des Christentums ist nicht nur Abfall, sondern zum Teil auch Entfaltung von keimhaft bereits in der Bibel feststellbaren Tendenzen. Die Bibel ist kein von Gott diktiertes, sie ist ein menschliches Buch, das keineswegs frei ist von menschlichen Fehlern und Irrtümern aller Art. Auch das gehört wohl zur realen Menschwerdung Gottes! Wir sollen der Bibel nicht blind glauben, wir sollen sie kritisch lesen, d.h. unterscheiden zwischen dem, was «Christus treibet», und dem andern. Ein solches Buch, das nicht geglaubt, sondern befragt, kritisch gelesen, in Freiheit meditiert sein will, scheint mir am ehesten einem Gott zu entsprechen, der Liebe ist.

Liebe zwingt nicht, zwingt niemanden. Sie wirbt, sie lässt sich umwerben, sie fragt und lässt sich befragen, sie scheidet Falsches vom Richtigen. Bedingtes vom Unbedingten. Darum plädiere ich für ein kritisches und selektives Verhältnis zur Tradition, auch zur biblischen. Wenn ich «Jesus» sage, meine ich nicht den nachträglich stilisierten, dogmatisierten und vergöttlichten Christus, sondern den Mann, dessen Wissen zeit- und ortsbedingt, also beschränkt und der dennoch die Wahrheit war – denn die Wahrheit ist immer konkret, ist zeit- und orts-bezogen!

Dass seinerzeit eine vereinfachte antike Philosophie dem Christentum den Rang nicht ablaufen konnte, hat historisch nichts mit Höllendrohung und Priestermacht zu tun, wohl aber damit, dass die christliche Botschaft den bisher kaum artikulier-ten Bedürfnissen der unteren sozialen Schichten im römischen Reiche entsprochen hat. Sie wurde damals ja als «Sklavenreli-gion», als «Weiberreligion» bezeichnet! Die antike Philosophie jedoch war ein Privileg der Oberklasse, der in einer Sklaven-gesellschaft Freien, geblieben, eine allezeit elitäre Angelegen-heit, die die Massen nie entscheidend hat beeinflussen können. Eine Elite der Vernunft vielleicht. Müsste wirkliche Vernunft aber nicht berücksichtigen, dass der Mensch noch andere Bedürfnisse und Dimensionen hat als die von Vernunft und Vernünftigkeit?

Tell und Christus

«In der Tell-Sage steuert Tell das Schiff an eine ihm wohlvertraute Platte. Dort springt er aus dem Schiff, tritt das Schiff gleichsam hinter sich und steht dann auf der Platte hohnlachend über dem Boot, das noch mit den Wellen kämpft.
Diese Szene der Tell-Sage ist vermutlich der Punkt, wo sich der Passionsweg der schweizerischen Nation zu ihrem Werden von der christlichen Passion abgabelt. Denn der Heiland darf niemals die anderen Menschen unter sich treten, um als Erfolgsmensch und als Übermensch sich über sie zu erheben.»

Adrien Turel: Und nichts fiel auf ein gut Land ...,
Zürich 1958, S. 194

*

Tell, aber nicht nur er, unser Volk, aber nicht nur es: Jeder geht den Weg der Selbsthilfe und der Selbstbehauptung.

Am Karfreitag müssen wir uns jedoch sagen lassen, dass dieser Weg nicht der Weg Christi ist.

«Hilf dir selbst und steig vom Kreuze herab!», rufen die Vorbeigehenden dem Gehängten zu. Doch er steigt nicht herab.

«Andern hat er geholfen, sich selber kann er nicht helfen.» In diesem Spott ist die volle, ganze Wahrheit: Andern hilft er, sich selber hilft er nicht.

*

So hängt der nackte Mann in den Nägeln. Der Sonnenhimmel verfinstert, verhüllt sich, da er stirbt. Aber der Gotteshimmel öffnet sich.

Wir müssen unser Bild vom Gotteshimmel korrigieren. Die Entdeckungen der Astronomie, die Vorbereitungen zur Weltraumschifffahrt haben uns die naive Gleichsetzung von Gestirnhimmel und Gotteshimmel unmöglich gemacht. Der erste Mensch, der einen Blick ins Weltall hinauswarf, ein amerikanischer Ballonpilot, sah nur schwindelnde, purpurdunkle Finsternis, aber nicht den Himmel Gottes.

Wo ist denn der Himmel Gottes?

Hier, am Kreuz, ist er über uns ausgespannt, in diesem Mann, der sich mit letzter Anstrengung und bis zum bittern Ende weigert, sich selber zu helfen. Im ihm, der sich nicht herunterziehen lässt in den närrischen Kreislauf von Siegen und Besiegtwerden, von Treten und Getretenwerden, von Gewaltanwenden und Gewaltleiden – in ihm öffnet sich über uns und unserer Welt der Gnadenhimmel.

*

Das also gab es einmal, nicht als Märchen und Legende, sondern als harte, blutige Realität: einen Menschen, der nicht an sich selber, sondern ganz und gar an die andern dachte, der noch im Todeskampf ein Gebet für seine Henker artikulierte: «Vater, vergib ihnen, denn sie wissen nicht, was sie tun.»

Der Sonnenhimmel verfinsterte sich damals, aber der Himmel der Gnade öffnete sich – sogar für die Henker.

Ist das alles jetzt ein Stück Vergangenheit?

Nein.

*

Im Ostergeschehen sagt Gott Ja zum Weg des Gekreuzigten. Er holt ihn heraus aus Tod und Vergangenheit, setzt ihn ein in ewige Gegenwart und öffnet ihm alle Zukunft.

Nützt der Auferstandene diese Chance aus? Kommt er jetzt, um sich jung, schön und unwiderstehlich an seinen Gegnern und Henkern zu rächen, wie es irdischer Gesetzmässigkeit entsprechen würde? Kommt er, der Geschlagene, um jetzt seinerseits zu schlagen?

Aber wie im menschlichen Sterben so lässt er sich auch jetzt, im göttlichen Leben, nicht in den närrischen Kreislauf von Schlagen und Geschlagenwerden herunterziehen. Auch jetzt hilft er nicht sich selber. Die Bitte: «Vater, vergib ihnen, denn sie wissen nicht, was sie tun», wird nicht zurückgenommen, sondern durch das Verhalten des Auferstandenen bestätigt und erneuert. Er tritt nicht auftrumpfend vor seine Gegner hin. Er überlässt sie – nein: nicht ihrem Schicksal, sondern – der Vergebung, die er für sie erbeten hat.

*

Ostern bedeutet also: Der Himmel der Gnade bleibt offen über uns.

Gewiss: Wir gehen immer noch auf den Wegen Tells. Ob Tell ein wirklicher Held oder vielleicht nur ein renommierender «Halbstarker» war, wie einige Geschichtsforscher annehmen, ist nicht von Belang. Ob Helden oder «Halbstarke», unser Weg ist derselbe. Immer ist da irgendwo eine Tellsplatte, auf die wir uns selber retten, während wir andere in die Wellen zurückstossen.

*

So retten wir uns von Tellsplatte zu Tellsplatte. Da ein rettender Sprung, dort einer, bald plump, bald elegant, bald keuchend, bald lächelnd, aber so schlagen und retten wir uns selber durch. Andere bleiben in den Wellen zurück.

Diese Tells-Sprünge, das Sich-selber-Retten und Die-andern-Zurückstossen ist, biblisch gesprochen, «Welt»: Welt der Menschen.

Das ganz andere aber, der Mann am Kreuz, der sich nicht selber retten will, der sich hinabstossen lässt, statt andere hinabzustossen, das ist «Himmel»: der Himmel Gottes.

Fremd, exotisch, unbegreiflich blüht dieser Himmel seit Karfreitag und Ostern mitten unter uns. Fremd, «welt»-fremd, welt-exotisch ist das Gesetz seines Blühens: «Wer sein Leben retten will, der wird es verlieren. Wer aber sein Leben verliert um meinetwillen, der wird es retten.»

Fremd, exotisch ist dieser Himmel im Vergleich zu allem, was «Welt» ist, völlig anders, radikal neu und ungewohnt, aber gerade damit Verheissung einer anderen und neuen Zukunft!

Aus dem Alten, aus der «Welt» aufzubrechen dieser radikal neuen Zukunft entgegen, einen Sprung zu wagen, der uns weiterträgt als bis auf die nächste Tellsplatte – dazu ruft uns die Botschaft von Karfreitag und Ostern auf.

Der König auf dem Rücken des Esels

Der Held auf dem Rücken des Esels: Das ist der Titel eines Romans des jugoslawischen Schriftstellers Miodrag Bulatović, der 1965 in deutscher Übersetzung erschien. Bulatović schildert darin saftig und ironisch ein Städtchen in den montenegrinischen Bergen zur Zeit der italienischen Besetzung im Jahre 1943. Der «Held» ist eine tragikomische Figur, der ein Partisanenkämpfer sein möchte, von den Italienern jedoch, die er provoziert, verächtlich-gutmütig ignoriert und von den «wahren» Partisanen als Verräter betrachtet wird. Schliesslich wird er verspottet, indem ihn die Partisanen auf einen Esel setzen und so in einem grotesken Triumphzug mit ihm in das befreite Städtchen einziehen.

Der Held auf dem Rücken des Esels: eine Spottfigur, ein Möchte-gern-Held, der es zwar irgendwie ehrlich meint, mit dem aber weder Besetzungsmacht noch Partisanen etwas anzufangen wissen.

Erinnert der von Bulatović als Höhe- und Schlusspunkt seines Romans geschilderte Einzug des «Helden auf dem Rücken des Esels» nicht an den Einzug des Galiläers, ebenfalls «auf dem Rücken des Esels», in Jerusalem? Ja, man fragt sich, ob Bulatović den Palmsonntagstriumphzug am Ende nicht hat parodieren wollen.

Allein: Ist nicht, was am Palmsonntag in Jerusalem geschah, selber schon eine Parodie, nämlich eine Parodie auf die Triumphzüge der Kaiser und Feldherren? Père Lagrange, der katholische Bibelausleger und eminente Kenner der historischen, gesellschaftlichen und menschlichen Verhältnisse in Palästina zur Zeit Jesu meint jedenfalls: «Man hat viel davon gesprochen, dass die Esel in den Augen der Orientalen edle Tiere seien; ein Römer aber, der auf einem guten Pferde vorüberritt, den Helm auf dem Kopfe, die Lanze in der Faust, würde eher gelacht haben über diesen Reiter auf dem Esel mit seinem seltsamen

Gefolge: Das Ganze glich einer Maskerade, einer Karikatur des Zuges auf das Capitol.»

Der Lärm, den da einige Provinzler aus Galiläa und eine Zusammenrottung kleiner Leute veranstalten, ihr «Hosianna»-Geschrei, ihr Königsjubel, der aus schäbigen Kleidungsstücken vor dem Esel ausgebreitete Teppich, Palmwedelgewink und religiöser Überschwang («Gepriesen sei, der da kommt im Namen des Herrn!») – wer hat das schon ernst nehmen können? Ein König, der auf einem Esel reitet? Unmöglich! Ein Fasnachtsulk! Dabei war der Esel erst noch entliehen – so arm und armselig ist diese Gruppe von Leuten, die so tut, als würde und wollte sie die Hauptstadt Jerusalem erobern.

Und dann: Welche politische, gesellschaftliche Macht stand hinter diesen lärmigen Leuten? In Galiläa soll, wie man hörte, Jesus einen so beträchtlichen Anhang haben, dass befürchtet worden ist, die Jesus-Bewegung könnte sich zu einem Aufstand jener Nordprovinz auswachsen: gegen Rom? Oder gegen die politische und religiöse Oberklasse in Jerusalem? Eine Art Separatismus vielleicht? – Niemand wusste das genau.

Aber zum Glück war die Bewegung schlecht organisiert, wenig militant und wenn die Anhänger Jesu etwa meinten, in Jerusalem hätten sie so leichtes Spiel wie im unkultivierten Galiläa, so hatten sie sich getäuscht. Die illusionäre Einschätzung der Machtverhältnisse in Jerusalem machte die Gruppe der Königsjubler und Gottesrevolutionäre erst recht zu einer lächerlichen Gesellschaft.

Unter diesem Aspekt der Lächerlichkeit mochten nicht nur die Römer, sondern auch die massgebenden Herren Jerusalems den Auf- und Einzug am Palmsonntag gesehen haben. Sie hatten damit auch bis zu einem gewissen Grade recht: Die jubelnden Anhänger Jesu schätzten die Situation wohl tatsächlich falsch ein, ihre Hoffnungen und Erwartungen gingen zu weit, zu hoch hinaus, falls sie glaubten, Jesus werde und könne jetzt in Jerusalem als König die Macht übernehmen und unverzüglich sein Reich aufrichten. Aber auch jene, die halb angewidert, halb verächtlich auf diese lärmenden

Galiläer herabblicken, sind ihrer Sache nicht so ganz sicher. Darum bereiten sie alles vor, um diesem Jesus in Kürze habhaft zu werden und ihn wegzuschaffen. Haben sie Angst, trotz allem Angst, vor Jesus und seinem lachhaften Auf- und Einzug in die Hauptstadt? Es scheint so, denn andernfalls hätten sie der Sache einfach den Lauf lassen können. Das tun sie jedoch nicht: Nach dem Palmsonntag ist der Karfreitag rasch da. Aber noch rascher folgt auf den Karfreitag der Ostermorgen, an dem sich zeigen wird, wie begründet die Angst der Herren Jerusalems vor dem «Mann auf dem Rücken des Esels» war. Am Ostermorgen, mit der Auferweckung des Gekreuzigten, sagte Gott sein unerwartetes, endgültiges, ewiges Ja zu eben diesem Mann, der einerseits so harmlos, andererseits so verwirrend und furchteinflössend war. Am Ostermorgen wird durch Gottes Erweckungstat der «Mann auf dem Rücken des Esels» als «König auf dem Rücken des Esels» enthüllt. Der Königsjubel wird nachträglich, aber auf eine völlig andere Weise als die Jubler sich dachten, von Gott bestätigt. Mochte auch keine gesellschaftliche und politische Macht hinter Jesus gestanden haben: An Ostern stand Gottes Macht für ihn, den Verspotteten, Gefürchteten, Gekreuzigten ein.

Und so ist der Einzug des «Königs auf dem Rücken des Esels» im Licht des Ostergeschehens vielleicht doch eine Parodie: Gottes Parodie auf die politischen und feldherrlichen Triumphzüge und Paraden über die Imperial-Avenuen zu den Kapitolen aller Länder und Zeiten. «Der im Himmel wohnt, lacht, der Herr spottet ihrer» (Psalm 2,4). Der etwas bizarre und grotesk improvisierte Kleinleute-Aufzug und Einzug am Palmsonntag ist voll des heitersten Ostergelächters über die Um- und Aufzüge der Mächtigen dieser Welt. Sie sind, in ihrer Wichtigtuerei, lächerlich, oft von makabrer, verderblicher Lächerlichkeit! Sie und nicht dieser Auflauf kleiner Leute! An Ostern hat sich Gott definitiv gegen die Grosstuerei waffenblitzender Triumphzüge und für den Auflauf kleiner Leute rings um den Galiläer entschieden! Damit hat Gott den grossen, entscheidenden Schritt in eine neue Zukunft getan. Wir haben ihn bei diesem Schritt noch nicht eingeholt mit unseren kleinen Schritten, zumal wir immer wieder Schritte rückwärts machen. Umso nötiger, dass wir Christen, wir in der Kirche, unsere kleinen Schritte jetzt beschleunigen, und zwar dezidiert vorwärts in der Richtung Gottes, ohne uns dabei durch Pathos und Prunk politischer und gesellschaftlicher Mächte blenden oder verwirren zu lassen! Schritte dem Frieden entgegen, Schritte aus dem Bannkreis von Nationalismus, Mammon und Rüstungsaberglauben hinaus, Schritte einer Gesellschaftsordnung entgegen, in der den «kleinen Leuten» endlich Recht und Gerechtigkeit wird. Auf diesem Wege – nur auf diesem Wege! – reitet uns Jesus voraus. Auf diesem Wege kommt er, der Vorausgegangene und Vorausgerittene, uns entgegen, um mit uns sein Werk zu vollenden, um den Königsjubel der kleinen Palmsonntagsleute (gestern in Jerusalem, heute in den Kirchen) zu krönen, um das Osterlachen der Befreiung anzustimmen ein bisschen nach jenem Liedlein von Heinrich Leuthold vielleicht:

«Und bei Posaunenstössen,
Die eitel Wind,
Lasst uns lachen über Grössen,
Die keine sind.»

Wo sich die wahre Grösse, wo Gott sich enthüllt, da erst ist Lachen «über Grössen, die keine sind». Und wo derjenige König ist, der von diesen falschen, aber erbarmungslosen Grössen selber verspottet, verfolgt, gefoltert und getötet worden ist, da ist das Lachen der Befreiung ohne Bitterkeit, ohne Hass, da wird es Huldigung, wird Königsjubel.

«Der König auf dem Rücken des Esels» – was für eine Hoffnung! Was für eine Königszukunft zeichnet sich da für unsere Welt ab! «Dieser König kennzeichnet sich dadurch, dass er auf einem Esel, dem gewöhnlichen Reittier des gemeinen Mannes und der Friedenszeiten einreitet.» (Theodor Zahn in seinem Kommentar zum Matthäus-Evangelium.)

Subversive Ostern

1

Lassen wir für einmal die Geschehnisse von einem durchaus unzünftigen und scheinbar unberufenen Laien rekapitulieren: «Er hing am Kreuz und als die Qualen zu gross wurden, rief er: ‹Mein Gott, warum hast du mich verlassen?› Dann wurde es dunkel, die Erde erbebte und spie die Toten aus, und der Himmel war voll von unheilverkündenden Vorzeichen. Dann kamen drei Tage und Nächte. Dann noch weitere vierzig Tage. Dann kamen Peter und Paul, die Apostelgeschichte, Hieronymus und Augustinus und nach vielen Monden Franziskus, der heilige Franziskus von Assisi. Dazwischen eine Lehre nach der anderen, eine Kirche nach der anderen, ein Kreuzzug nach dem anderen, eine Inquisition nach der anderen. Alles im Namen Jesu. Und dabei gibt es Leute, die glauben, er wolle noch einmal vom Himmel herunterklettern und sein Werk wiederholen. Und trotzdem kann es möglich sein, nach allem was wir wissen.»

So schreib Henry Miller in *Big Sur oder Die Orangen des Hieronymus Bosch*. Was seinen Text auszeichnet, ist die unzimperliche Direktheit, mit der er die Geschichte zusammenfasst (ein wenig sorglos, ein wenig hopp-hopp: gewiss) und dann zur Frage an uns Heutige zuspitzt: Sollen wir noch mit ihm rechnen – mit ihm, dem Gekreuzigten?

Miller gibt keine Antwort. Er macht sich sanft lustig über jene, «die glauben, er (d. h. Jesus) wolle noch einmal vom Himmel herunterklettern und sein Werk wiederholen» – räumt aber sogleich ein: «Und trotzdem kann es möglich sein, nach allem, was wir wissen.»

2

Miller gibt keine Antwort. Er fragt nur, sehr undoktrinär, fast salopp. Fragt sich. Fragt uns: «Sollen wir noch mit ihm rechnen?»

Auf diese Frage antworten die neutestamentlichen Oster-
zeugnisse: «Seit seiner Kreuzigung ist mit dem Gekreuzigten
erst recht und mehr denn je zu rechnen!» Denn: Der als Got-
teslästerer Deklarierte ist Gottes Sohn, der Gekreuzigte ist der
von Gott Erhöhte, der Getötete deshalb der unzerstörbar Leben-
dige und der Abgeschriebene, der Herr (wobei – man vergesse
nicht – «Herr» eine Gottesbezeichnung ist)!

3
Und dennoch, hat Miller nicht recht darin, dass er das Werk
Jesu für gescheitert ansieht? So sehr gescheitert, dass Jesus, falls
er wiederkommt, dieses Werk «wiederholen» muss?

Aber die Ostertexte sehen es anders. Freilich lügen auch sie
das, was nach politischen und kirchenpolitischen Massstäben
ein «gescheitertes Werk» genannt werden kann, nicht in einen
«Erfolg» um. Und es stimmt sehr wohl: Botschaft und Lebens-
konzeption Jesu sind bis heute nie zu einem breiten «Erfolg»
geworden. Das Christentum zwar hat geschichtliche «Erfolge»
aufzuweisen, zum Teil sehr fragwürdige. Aber Jesus? Wir dür-
fen Jesus und «Christentum» nicht miteinander identifizieren.

Was die Ostertexte fröhlich und radikal infrage stellen,
sind die geltenden Massstäbe des «Erfolges». Diese Infrage-
stellung drängt sich auf, weil Gott an Ostern sein Ja sagt zu
dem von allen Verworfenen und «Erfolglosen», Ja sagt zu dem
nach den geltenden Massstäben gescheiterten und deshalb
Gekreuzigten. Ostern entlarvt Gott als das schlechthin sub-
versive Element in der Weltgeschichte bis zum heutigen Tag.
Ostern desavouiert z. B. unsere Geschichtsschreibung, die sich
einseitig mit den Siegreichen und Überlebenden beschäftigt,
von den Unterlegenen, Ausgerotteten, Gescheiterten, Ver-
stummten aber recht wenig weiss. Ohne Ostern hätte diese
Geschichtsschreibung nachweislich auch von Jesus kaum
Notiz genommen. Indem Gott an Ostern als Einziger und
gegen alle andern für den Gekreuzigten optiert hat, optierte
er auch gegen unsere Geschichtsschreibung und für jene Aus-
gerotteten, Unterlegenen, zum Schweigen Gebrachten, nach

denen kein Hahn, kein Geschichtsschreiber und kein Communiqué kräht.

Gottes Ja zu dem von den politischen und kirchlichen Mächten Verurteilten und Gekreuzigten stellt diese herrschenden Mächte selbst und ihre Massstäbe infrage, ist offene Parteinahme – aber für wen? Zum Beispiel für jene Kriegsgefangenen, die in Vietnam nach der Vernehmungsmethode «Langer Schritt» einvernommen werden: «Mehrere Gefangene werden in einen Hubschrauber verfrachtet und in der Luft verhört. Verweigert der erste die Aussage, kippt man ihn hinaus und er stürzt in den Tod.» (Augenzeugenbericht in den *Chicago Daily News*, 6.12.1965).

4
Soll man mit ihm, mit Jesus noch rechnen? Nichts spricht dafür, dass man es tun soll. Nichts ausser: Ostern! Nichts ausser dem Ja Gottes zum Gekreuzigten! Vielleicht würde auch Jesus heute nicht mehr gekreuzigt, sondern direkt aus einem Hubschrauber gekippt. Das verursacht weniger Aufsehen. Der Fall wird über dem Dschungel in aller Stille erledigt.

Aber nun ist die Osterbotschaft die dezidierte Versicherung, dass es bei Gott keine erledigten Fälle gibt, mögen sie noch so diskret «liquidiert» werden. Beim Gott, der den Gekreuzigten vom Tod auferweckt hat, behalten die Stummen ihre Stimme, die Gefangenen ihre Ehre, die Verfolgten ihr Asyl, die Getöteten – das Leben! Das ist die Art der göttlichen Subversion. Sie stellt unsere Massstäbe von «Erfolg» und «Herrschaft» radikal infrage. Übrigens auch unsere Vorstellung von der «Herrschaft Gottes», die wir uns nach dem Massstab irdisch-menschlicher Herrschaft zu machen pflegen. Vielleicht müsste man sagen: Nach diesem uns gewohnten Massstab «herrscht» und «regiert» Gott gar nicht! Sicher ist nach dem Osterzeugnis der Schrift nur eines, dass Gott diese uns gewohnten Massstäbe und Urteile weitgehend desavouiert und unsere Herrschaftsreformen leise und dauernd untergräbt. Gottes hartnäckige, stille Subversion ist für den Osterlauben *die* grosse Verheissung:

Verheissung einer Zukunft, in der neue Massstäbe und Herrschaftsformen gelten werden. Diejenigen des Gekreuzigten, der alle gegen sich, aber Gott für sich hatte!

Henry Miller irrt: Jesus braucht, wenn er wiederkommt, sein Werk nicht zu wiederholen. Das Werk ist begonnen. Was noch aussteht, ist seine Vollendung, ist der Triumph der österlichen Subversion, die Umwertung aller Werte, die – wie das Ostergeschehen beglaubigt – bei Gott beschlossene Sache ist.

Osterzweifel, Osterglaube

Hat der Kalender recht? Folgt auf den Karfreitag tatsächlich Ostern, auf die Niederlage der Sieg?

Hat sich in den vielen Jahrhunderten seit Jesu Kreuzigung und Auferweckung etwas in der Welt geändert, ausser, dass die Kriege noch grausamer, der Hunger noch verheerender, die Gewalt noch brutaler geworden ist?

Martin Luther King war ein Zeuge Jesu Christi. Als solcher hat er leidenschaftlich und zäh für die Rechte der farbigen Minderheit in den USA gekämpft. Nicht ohne beträchtliche Teilerfolge. Aber gerade diese ersten Erfolge liessen das wahre Ausmass des Rassenproblems deutlich werden. Die Fortschritte in der Bürgerrechtsgesetzgebung machten den Farbigen erst recht bewusst, wie kompliziert und subtil der Mechanismus der Diskriminierung funktionierte. Gesetzgeberische Massnahmen vermochten diesem Mechanismus nicht beizukommen. Mehr und mehr begannen darum die Farbigen, das in den USA und in der weissen Welt herrschende Gesellschaftssystem grundsätzlich anzuzweifeln und anzugreifen. Statt der Gewaltlosigkeit, für die Martin Luther King als Methode eingetreten war, wurde Gewalt, «Black Power», gepredigt. Man sprach von einer «Radikalisierung», die Martin Luther Kings Methode der Gewaltlosigkeit zu überspielen drohte. Aber war und ist diese Radikalisierung zur Gewalt auf farbiger Seite nicht ein Reflex der von den Weissen heimlich oder offen geübten Gewalt? Zeigte der Vietnamkrieg nicht deutlich, wie den Weissen jede Gewaltanwendung recht ist, wenn es gilt, ihre Machtansprüche gegen Farbige durchzusetzen? Jedenfalls wurde Martin Luther King zu einem leidenschaftlichen Wortführer gegen den Vietnamkrieg. Aber zuweilen konnte man in letzter Zeit den Eindruck bekommen, dass King angesichts des Gewaltdenkens, das sich bei den Weissen zeigte und das entsprechendes Gewaltdenken auf Seiten der Farbigen provozierte, an den Chancen gewaltloser Lösungen irre zu werden begann.

Und nun ist der Repräsentant der Gewaltlosigkeit als Mittel des politischen Kampfes brutaler Gewalt zum Opfer gefallen. Ein Märtyrer. Wird aus einem Märtyrertod die Idee der Gewaltlosigkeit strahlend neu und sieghaft erstehen? Leider ist das Gegenteil zu befürchten. Die Schüsse auf King können – zum Mindesten vorläufig – auch die Idee der Gewaltlosigkeit getötet haben. Also einmal mehr. Triumph der Gewalt! Die Gewaltlosigkeit, wie sie Jesus Christus verkündete und in seiner Nachfolge Martin Luther King vertrat, scheint aufs Neue eine Niederlage erlitten zu haben, aufs Neue als utopische Donquichotterie entlarvt zu sein.

Wir leben also nach wie vor in einer Karfreitagswelt: in einer Welt der Gewalt, auch wenn es am dritten Tag nach dem Karfreitag Ostern wird – die Karfreitagswelt lebt weiter: zäh, rücksichtslos, mörderisch.

*

«... wir glauben an den, der Jesus, unseren Herrn, auferweckt hat von den Toten» (Römer 4,24). So lautet eines der Osterbekenntnisse der frühen Christenheit, von Paulus formuliert.

Allein: Was soll uns die österliche Auferweckung des Gekreuzigten, wenn sie keine die Welt verändernden Folgen hat, wenn sie der Gewalt keine Schranken zu setzen, die Gewalttäter (die individuellen und die kollektiven) nicht zu hindern oder gar zu verwandeln vermag? Ist auch der vom Tod auferweckte Christus so ohnmächtig, so einsam und auf verlorenem Posten wie vorher der schliesslich gekreuzigte Galiläer?

Vielleicht.

Die Osterbotschaft freilich sagt: Mag Jesus nach wie vor auf verlorenem, einsamem, von den Weltereignissen und Menschentaten (gerade auch der Christen!) immer neu desavouiertem Posten stehen: – Er ist dennoch die Wahrheit! Wenn die Ostergeschehnisse einen Sinn haben, dann den einen, dass Gott sich definitiv auf die Seite dieses erfolglosen, einsamen, immer wieder scheiternden Gekreuzigten und Auferweckten geschlagen, ihn definitiv als *die* Wahrheit legitimiert hat.

Darum glaubt der Osterglaube, dass Jesus nach wie vor recht, die Gewalt der Karfreitagswelt nach wie vor unrecht hat. Oder, um ein Wort Ernst Blochs zu zitieren: «Was ist, kann nicht wahr sein.» Die Wahrheit ist das Noch-nicht-Seiende, das, was dem Jetzigen entgegengesetzt ist.

Die Kirche und wir Christen passen uns – halb aus Blindheit, halb aus Hilflosigkeit, weil wir nicht anders können – der gewalttätigen Karfreitagswelt immer wieder an. Wir verschleudern die Wahrheit Gottes im täglichen Kleingeld hilflos-erbärmlicher Anpassungen und Halbwahrheiten. Gerade deshalb ist es wichtig, dass uns das neutestamentliche Osterzeugnis sagt: Einer bleibt, wenn auch einsam, überspielt, ungeachtet, auf seinem Posten! Auf dem Posten der göttlichen Wahrheit und so auf dem Posten der göttlichen Zukunft. Einer bleibt, ohne Kompromiss, ohne sich anzupassen, bei der Sache, die Gott an Ostern demonstrativ zu der seinen gemacht hat. Einer bleibt unbeirrbar, unabsetzbar auf dem Kurs in die Zukunft, die nach Gottes Willen die Wahrheit, die jetzt noch nicht ist, ins Sein bringen wird. Dieser Eine ist Jesus, den Gott «auferweckt hat von den Toten».

Mag sein, dass solcher Osterglaube utopisch ist. Die Schüsse, die Martin Luther King getroffen haben, treffen auch ihn. Es sind nicht die ersten und auch nicht die letzten Schüsse, die dem Osterglauben und dem Auferstandenen, dessen Zeuge King war, gelten.

Aber das utopische Element des Osterglaubens (oder das, was wir utopisch nennen) besagt, dass die Wahrheit Gottes nicht manipulierbar ist: weder durch Gewalt noch durch Bestechung noch auch durch kirchliche Taktik. All diesen Anschlägen und Pressionen bleibt seit seiner Auferweckung Jesus als die Wahrheit Gottes entzogen. Unbeirrt, untötbar geht der Auferstandene in die Zukunft, ähnlich wie in Alexander Bloks Gedicht *Die Zwölf* Christus durch Kugelregen den zwölf Rotgardisten vorangeht:

Und voran – mit blutiger Fahne
Unsichtbar im Schneegeleit,
Perlumrieselt, todgefeit …
Lichtdurchwebt gleich einem Stern –
Jesus Christ, der Sohn des Herrn.

Der gekreuzigte Osterhase

1

Es gibt zwei Ostern.

Die eine Ostern vergegenwärtigt die Auferstehung des gekreuzigten Jesus vom Tod. Wie immer man dieses Ereignis zu deuten versucht, sicher ist, dass es ein geschichtliches und Geschichte stiftendes Ereignis war, dem jegliche Natursymbolik fehlt. Dass Hinrichtung und Auferstehung des Nazareners im Frühling stattgefunden haben, ist einzig der Tatsache zuzuschreiben, dass das jüdische Passahfest in diese Jahreszeit fällt und Jesus mit seinen Jüngern dieses Fest in Jerusalem feiern wollte. Dadurch begab er sich in den Machtbereich seiner Gegner, lieferte sich ihnen aus. Das Passahfest selbst ist jedoch kein Frühlingsfest, sondern vergegenwärtigt seinerseits das geschichtliche Ereignis des Auszugs Israels aus Ägypten, dem seinerzeitigen Sklavenhaus.

Die andere Ostern ist ein Frühlings- und Naturfest. Der Hase, die Eier waren in der germanischen Religion Attribute der Fruchtbarkeitsgöttin Ostara, sind also Fruchtbarkeitssymbole. Die Hasen- und Eierostern ist demnach ein Naturfest, sie feiert die wieder erwachte Vegetation, den Frühling, die Liebe, die Sexualität, kurz: das immer erneute Wachsen und Werden im Kreislauf von Werden und Vergehen.

Jesus-Ostern und Eier-Ostern haben ursprünglich nichts miteinander zu schaffen, ja, sie sind sogar polare Gegensätze. Geht es dort um geschichtliche Ereignisse, so hier um ungeschichtliches Naturgeschehen. Wird dort der definitive Sieg über die Macht des Todes demonstriert, so hier das unausweichliche Diktat von Werden und Vergehen. Folgt der Auferstehung Jesu die Ausgiessung des Geistes Gottes (an Pfingsten), so feiert Eier-Ostern die Neuentbindung der vitalen Kräfte und Antriebe der Natur und des Menschen.

Die List der Geschichte hat jedoch die beiden gegensätzlichen Ostern miteinander verbunden und vermischt. Die christliche Mission hat Jesus-Ostern dem Frühlings- und Fruchtbarkeitsfest aufgepfropft, und diese hat, im Gegenzug, die Jesus-Ostern unterhöhlt, verfremdet, und zwar mit so grossem Erfolg, dass im Bewusstsein heutiger Christen Osterhase und Ostereier die grössere Rolle spielen dürften als die Auferstehung Jesu.

2

Als in einer der vergangenen Osternummern der deutschen satirischen Zeitschrift *Pardon* das Bild eines gekreuzigten Osterhasen erschien, war die Empörung gross. Vermutlich hatte sich die Redaktion tatsächlich nur einen Gag leisten wollen. Aber vielleicht enthielt der Gag mehr Bedeutung, als die boshaften Redaktoren selber merkten.

Der gekreuzigte Osterhase könnte nämlich ein Symbol der von Zerstörung bedrohten Tierwelt, ja der Naturzerstörung überhaupt sein.

Die Fruchtbarkeit und Regeneration der Natur mit Ostereiern und Hasensymbolik zu feiern, ist eine zweideutige, vielleicht sogar heuchlerische Sache geworden, wenn unsere gesellschaftliche Praxis andererseits die rücksichtslose Ausbeutung und Zerstörung der Natur betreibt. Den Kräften der Natur zu vertrauen und gleichzeitig diese Kräfte systematisch zu stören und zu vernichten, ist ein schizophrenes Verhalten. Es könnte damit enden, dass wir die Natur zugleich preisen und kreuzigen. Damit spiegelte unser Verhalten der Natur gegenüber ziemlich exakt unser Verhalten Gott gegenüber: Wir preisen und kreuzigen ihn.

Auf einmal werden tiefere Zusammenhänge sichtbar. Vielleicht führt eine logische Entwicklung von der Kreuzigung Jesu zur Kreuzigung der Natur. Der Ablehnung Gottes folgt schliesslich die Zerstörung unserer natürlichen Lebensbasis und damit die Selbstvernichtung. Von der Gottlosigkeit des Menschen geht die Entwicklung langsam, aber gradlinig der Menschenlosigkeit des Planeten Erde entgegen.

In dieser Perspektive könnte die Vermischung von Jesus-Ostern und Natur-Ostern, so gegensätzlich beide ursprünglich sind, einen neuen Sinn bekommen.

3

Das Kreuz Jesu ist das alarmierende Signal dafür, dass der Mensch des Menschen Feind und darum auch Gottes Feind ist, ein Zerstörer anderen Lebens – darum auch Zerstörer des natürlichen und tierischen Lebens. Wir halten das für unumgänglich. Der Osterverkehr wird auf den Strassen wiederum seine Todesopfer fordern – wie der Verkehr überhaupt. Wir haben uns daran gewöhnt, wir nehmen es in Kauf, dass Menschen getötet, Hasen überfahren, Städte, Dörfer, Landschaften durch den Verkehr «umgebracht» werden. Achselzuckend nennt man es Schicksal, wie Krieg und Hunger. Das Kreuz Jesu jedoch hält uns den Spiegel vor: Was wir für unabwendbares Schicksal halten, ist Schuld – *unsere* Schuld. Tief in uns drinnen muss ein Todestrend, ein Tötungstrieb verborgen sein, für den das Wort «Schicksal» nur eine schlechte Selbstentschuldigung ist. Die Bibel spricht da altväterisch, aber präzis von Sünde und Schuld.

Die Auferstehung Jesu am dritten Tag nach seiner Hinrichtung bezeugt einen Gott, der sich mit unserer Zerstörungs- und Tötungsmentalität durchaus nicht abfinden will. Es ist ein Gott, der Partei ergreift *für* das Leben, *gegen* das Töten, *für* die Opfer, *gegen* die Henker.

Wie immer man sich den Auferstehungsvorgang vorstellen mag (er ist unvorstellbar!), Tatsache ist, dass Jesus nicht in ein entrücktes Jenseits, sondern in unser Diesseits auferstanden ist. Alsbald haben sich nämlich handfeste Wirkungen eingestellt. Die davongelaufenen, schon zerstreuten, auf jeden Fall enttäuschten und verängstigten Jünger Jesu wurden von Neuem gesammelt und aktiviert. Sie fühlten sich von der Lebensmacht des Gekreuzigten so sehr ergriffen und inspiriert, dass sie ihr persönliches und gemeinsames Leben radikal änderten. Während der drei folgenden Jahrhunderte waren diese Oster-Christen z.B. konsequente Pazifisten, denen der Glaube an Jesus mit dem Kriegsdienst völlig unvereinbar zu sein schein. Aus der Mitte dieser Oster-Christen entwickelte sich auch, was die Antike nicht gekannt hat: Fürsorge für Arme, Kranke, Witwen usw. So ging von den Oster-Christen eine radikale Lebensbejahung und Lebensliebe aus, die nicht Selbstliebe, sondern Liebe, ja fürsorgliche Zärtlichkeit zum Leben *der anderen* war, zum Leben der Kreatur überhaupt. Der brüderliche Umgang des Franz von Assisi mit Natur und Tieren hat diesen Aspekt des Oster-Christentums eindrücklich unterstrichen.

Der gekreuzigte Mensch, mit ihm aber auch das gekreuzigte Tier und die gekreuzigte Natur schlechthin sind Opfer ein- und derselben, verkehrten Lebenshaltung (oder besser: lebens*feindlichen* Haltung!). In der Auferweckung des Gekreuzigten hat Gott jedoch vehement Partei ergriffen *für* die Opfer unserer verkehrten Einstellung. In dem *Einen*, der nach seinem gewaltsamen Tode auferweckt worden ist, sind wir *alle* mitgemeint und deshalb aufgeboten zur Änderung unserer Einstellung. In dem *einen* Menschen, für den Gott Partei ergriffen hat, ist aber mitgemeint auch die gekreuzigte, vernichtete und bedrohte Kreatur und Natur. Nicht ein *Einzelner* ist an Ostern erlöst worden, sondern – im Hinblick auf die Zukunft des göttlichen und menschlichen Handelns – *einer für alle*. Visiert wurde also die Erlösung der *Welt*! Und zu dieser gehören auch die Tiere und die Natur, die dem Menschen sowohl ausgeliefert wie dessen Lebenshelfer sind. So rücken plötzlich der gekreuzigte Jesus und der gekreuzigte Osterhase, geschichtliches Menschengeschehen und Schicksal von Kreatur und Natur doch wieder zusammen.

Die göttliche Realutopie

Frank Horne, 1899 in New York geboren, praktizierte als Augenarzt in Chicago und New York, bis er in Washington in den Dienst der Regierung trat. Er schrieb auch Gedichte. Eines davon nahm Janheinz Jahn in seine Anthologie moderner Dichtung afrikanischer Völker beider Hemisphären *Schwarzer Orpheus* auf (Neuauflage 1964). Also muss Frank Horne ein farbiger Amerikaner sein. Und dazu: Augenarzt. Einer, der den Menschen ins Auge sieht, prüfend, forschend. Als Dichter entdeckt er in den Augen noch mehr als organische Befunde, wie das Gedicht *Zwei braune Buben in der Kirche* zeigt: «Es ist gut, dass ihr hier seid, ihr braunen Buben mit Christusaugen und Lockenhaar». So beginnt das Gedicht und dann fordert es die beiden Buben, die sich in der Kirche umsehen, auf:

Sieht euch nur das Kruzifix an.
Da hängt Er angenagelt und durchbohrt,
der Kopf hängt herunter

und die Augen sind blind von Blut
das aus der Dornenkrone rieselt ...
Seht euch das gut an,
ihr werdet das kennenlernen.

Auch ihr werdet leiden unter Pontius Pilatus
und den Druck des rohgezimmerten Kreuzes spüren
auf eurer wogenden Schulter.
Sie werden euch ins Gesicht spucken
und lachen.

Sie werden euch annageln zwischen Dieben
und um eure Kleider würfeln.
Und darin werdet ihr Gott übertreffen:
ihr werdet auf dieser Erde
die Hölle kennenlernen.

Die Kreuzigung Jesu Christi ist ein historisches Faktum. Doch
für den Glauben ist sie zugleich mehr als historisches Faktum,
nämlich ein Symbol für die Grausamkeit irdischer Verhältnisse
immer wieder.

Es ist schrecklich, in die Hände des lebendigen Gottes zu fal-
len, heisst es in der Bibel (Hebräer 10,31). Aber noch schrecklicher
ist es, wehrlos in die Hände lebendiger Menschen zu fallen. Das
hat Jesus am Karfreitag erfahren am eigenen Leibe. Das erfah-
ren Wehrlose bis zum heutigen Tag; Negerbuben[1] in Alabama,
sowjetische Schriftsteller, in Griechenland Gefangene und oft
auch Gefolterte (worüber das Informationsbulletin des Schwei-
zerischen Komitees für Demokratie in Griechenland informiert).

Die Passion geht weiter. Und niemand von uns weiss, ob
nicht für ihn ein Passionstag kommen könnte, auch wenn
wir keine Negerbuben sind. Wir leben nach wie vor in einer
Welt, wo Menschen und in ihnen Gott selber gekreuzigt wird.
Wer sagt, dass wir dabei immer nur Zuschauer und verschont
bleiben werden? Das Schlimme ist, dass immer dann, wenn
Mächte und Menschen den Himmel, *ihren* Himmel auf Erden
errichten wollen, am meisten Menschen zur Hölle geschickt
werden – zur Hölle «auf dieser Erde», wie es im Gedicht von
Frank Horne heisst. Nur irrt, glaube ich, Frank Horne insofern,
als er die «Höllenfahrt» Jesu Christi mythologisch versteht: als
ein Herabsteigen in irgendwelche unterirdischen Gefilde. Aber
ich denke mir, auch die von der dogmatischen Überlieferung so
genannte «Höllenfahrt» Jesu Christi war die irdische, leibliche
Hölle, die der Gekreuzigte einsam und langsam verendend am
Kreuz durchlitt.

---

1   Vgl. editorische Anmerkung, S. 236.

Ostern, die Auferstehung Jesu Christi vom Tod, ist Gottes Antwort auf die Hölle, die sich die Menschen gegenseitig bereiten. Und diese Antwort enthält die entschiedene Parteinahme Gottes für den Gekreuzigten und in ihm Parteinahme für die Getöteten, Geopferten aller Zeiten bis in die Gegenwart. Damit ist auch die Parteinahme Gottes *gegen* diejenigen vollzogen, derer Herrschaft und Triumph mit Menschenopfern erkauft ist. Seit Ostern, seit dieser Parteinahme Gottes, ist es pure Gotteslästerung, wenn Gottes Beistand angerufen wird, oft unter Verwendung willfähriger Bischöfe und beflissener Zivil- oder Militärprediger, um guten Gewissens Menschen einzeln und massenweise aus dem Wege räumen zu können.

Darüber hinaus manifestiert die Ostersolidarität Gottes mit dem am Galgen getöteten Nazarener den Willen, diese Passionswelt mit ihren immer wieder aufbrechenden Höllen zu verändern. Was Utopie zu sein scheint, nämlich eine befriedete, ausbeutungslose, freie Welt: An Ostern, mit der Auferweckung des «Utopisten» aus Nazaret, hat Gott sich zu dessen Reich-Gottes-«Utopie» bekannt. Was bei den Menschen unmöglich ist, bei Gott sind alle Dinge möglich – auch die Verwirklichung einer zukünftigen Welt, deren Lebensgesetz die Liebe zum Nächsten und selbst die Liebe zum Feind sein wird.

Jedenfalls verraten die Osterereignisse, die – für uns rätselhaft genug – das neue Leben des gekreuzigten «Utopisten» Jesus nur erst skizzenhaft andeuten, den ersten Grundriss und Bauplan einer neuen Menschheit. Die Linien dieses Bauplanes treten in allen Verirrungen der Kirchen, in allen Krisen und Katastrophen der Welt nur immer deutlicher hervor. Je mehr die etablierten Grosskirchen als gesellschaftserhaltende Mächte abbröckeln, desto deutlicher werden die Linienführungen der göttlichen Utopie wieder lesbar. Je mehr Enttäuschte und Gleichgültige sich abwenden, desto entschlossener und radikaler könnte die kleinere Zahl jener Christen werden, die aus der Defensive christlich-kirchlicher Besitzstandswahrung auf-

brechen und sich für jene Zukunft engagierten, um deretwillen
Jesus starb [...]²

²   Anmerkung der Herausgeber: Der Erstdruck von Martis Text ist an die-
ser Stelle unvollständig, der letzte Teilsatz ist daher nicht zuverlässig über-
liefert.

Der Souverän

1

Souverän, französisch «souverain», kommt vom spätlateinischen «superanus», was bedeutet: «über allem stehend». Im Staats- und Völkerrecht wird der mit der höchsten Gewalt Ausgestattete als «der Souverän» bezeichnet; in einer absoluten Monarchie zum Beispiel der Monarch, in einer Demokratie das Volk (Volkssouveränität).

2

Die Zeugnisse von der sogenannten Himmelfahrt des auferstandenen Jesus sind spärlich (Lukas 24,51 und Apostelgeschichte 1,9–11). Von «sogenannter» Himmelfahrt muss gesprochen werden, um dem Missverständnis zuvorzukommen, es habe sich um eine gigantische Vorwegnahme der Weltraumfahrt gehandelt. Vor mehr als 50 Jahren dichtete der französische Poet Guillaume Apollinaire: «C'est le Christ qui monte au ciel mieux que les aviateurs. Il detient le record du monde pour la hauteur.»

In der deutschen Übersetzung von Hans Magnus Enzensberger: «Das ist der Christ, der zum Himmel steigt höher als jeder Pilot, und der noch jeden Weltrekord überbot.»

Weder Apollinaires Vision von Jesu unüberbietbarer Weltraumfahrt, noch die Meinung, Jesus habe damals unsere Erde verlassen und sich in einen (örtlich als Jenseits verstandenen) Himmel zurückgezogen, wird dem biblischen Zeugnis vom auferstandenen und erhöhten Jesus Christus gerecht. In den auf Himmelfahrt folgenden Pfingstgeschehnissen und nachher in der Zeit neuer Gemeindegründungen (Apostelgeschichte) wird Christus durchaus nicht als der Gegangene, sondern als der Kommende, nicht als der Abwesende, sondern als der Gegenwärtige erfahren. Er hat die Erde nicht gegen den Himmel eingetauscht, sondern ist der Erde treu geblieben.

Will man das Wort «Himmelfahrt» beibehalten, so darf darunter keine Ortsveränderung verstanden werden. Das Wort «Erhöhung» sagt zutreffender, worum es geht: um die Einsetzung des Gekreuzigten zum Souverän!

3

Sobald wir den Begriff «Souverän» auf Jesus anwenden, verändert sich dieser Begriff. Dasselbe geschah mit allen Begriffen und Titeln, die je auf Jesus angewendet worden sind. Ob «Messias», «Menschensohn», «Gottessohn»: Immer formulierten diese vorgeprägten Bezeichnungen nur sehr mangelhaft die alle Begriffs- und Vorstellungsschemata sprengende Realität Jesu Christi. So dass nicht diese Begriffe erklären konnten, wer Jesus ist, sondern umgekehrt: Person und Botschaft Jesu mussten erklären, was mit Begriffen wie «Messias», «Gottessohn» usw. allenfalls hätte bezeugt und gemeint sein sollen. So verhält es sich auch mit dem Wort «Souverän». Seine wörtliche Übersetzung «über allem stehend» trifft den Sachverhalt der Erhöhung Jesu nur sehr vage.

«Über allem» müsste nach dem biblischen Zeugnis eher heissen: Der erhöhte Jesus ist nicht mehr an Raum und Zeit gebunden, vielmehr verfügt er über beide! In dieser freien Verfügung über das, was uns unverfügbar bleibt, erweist sich der Erhöhte als Souverän. Er lebt 1968 so ungealtert und vital wie im Jahre 68: Für ihn hat die Zeit ihren Zahn verloren! Aber auch der Raum begrenzt und behindert ihn nicht.

Er kann gleichzeitig in San Franzisko, Brisbane, Hué, Biafra, Interlaken, Pilsen, Bahia, Honolulu gegenwärtig sein: Wo immer zwei oder drei in seinem Namen versammelt sind – und auch dort, wo die zwei oder drei noch gar nicht zusammengefunden haben. So wirkt er *in* Raum und Zeit, aber von ihnen unabhängig, frei über sie verfügend.

Auch «steht» er nicht, dieser Souverän, wie ein erstarrter byzantinischer Kaiser auf vergoldeten Gemälden. Der Erhöhte «geht»! Er ist mobil wie keiner, geht mit seinen Zeugen und Missionaren, geht uns voran, kommt uns entgegen in den «Geringsten seiner Brüder und Schwestern» (Matthäus 25)!

Keineswegs thront er leidlos erhaben über dem irdischen Treiben. Seine Menschwerdung, seine Zuwendung zur Welt an Weihnachten ist mit seiner Erhöhung nicht abgeschlossen – im Gegenteil!

4

«Souverän» ist ein Begriff aus dem Staatsrecht. Staat kommt vom lateinischen Wort «status» und bezeichnet den «status rerum» das heisst den (jeweiligen) Stand der (öffentlichen) Dinge.

Jesus, der Erhöhte, ist nicht etwa der oberste Garant des statischen Staates und seiner statischen Ordnungen und Gewalten. Er ist souverän auch dem Staat, der Gesellschaft – und selbst der Kirche gegenüber. Noch immer ist sein Zeichen das Kreuz, der Galgen, an den er von den Repräsentanten des statischen Staates und der statischen Religion gehängt worden ist. Noch immer ist er derjenige, der aus dem Status quo souverän aufbricht, unbeirrbar dem Neuen, der Zukunft Gottes entgegen. Noch immer ist er, als der Gekreuzigte, solidarisch mit allen Opfern der bestehenden Ordnung, mit den Verfemten, Gefangenen, Hungernden, Getöteten (Vietnam! Biafra! usw.). Noch immer ist er die Stimme derer, die unterdrückt und verstummt sind. Solange aber Menschen unterdrückt und getötet, entrechtet und ausgebeutet werden, solange noch weltweit gehungert werden muss, ist der Gekreuzigte als erhöhter Zeuge und Ankläger *gegen* die bestehende Ordnung der Dinge, der uns zum Abbruch der jetzigen Missordnung und zum Aufbruch aus dem Status quo ruft.

Die Erhöhung Jesu zum Souverän ist nach dem biblischen Zeugnis also nicht Abschluss, sondern Beginn: Beginn einer neuen Zukunft am Horizont der kommenden Herrschaft Gottes. Jesus, der als der Richtende und Vergebende souverän mit unserer Vergangenheit umgeht, geht als der Messias nicht weniger souverän mit unserer Zukunft um. Dabei ist seine Souveränität nicht diejenige eines absoluten Monarchen, sondern diejenige der absoluten Liebe und Brüderlichkeit, die ihn zum «Rebellen gegen Herrenmacht und Gewohnheit» (Ernst Bloch) macht.

«Himmelfahrt» ist demnach nicht Flucht Jesu aus der Welt, sondern Aufbruch des Auferstandenen aus der Vergangenheit der alten in die verheissene Zukunft der neuen Welt. Die Auferweckung vom Tod an Ostern hat ihn als designierten Herrn dieser Welt kundgemacht. Jetzt ist er unterwegs, um unermüdlich subversiv den Status quo der Götzen und Gewalten zu unterwühlen, ist unterwegs, um seine Herrschaft, zu der er designiert ist, aufzurichten, ist unterwegs in einem langen Marsch, verglichen mit dem der historische «Lange Marsch» Mao Tse-tungs und seiner Anhänger quer durch China ein Katzensprung war.

Auf eine Formel gebracht: Himmelfahrt öffnet den Horizont göttlicher Zukunft für uns persönlich und für unsere Welt. Jetzt ist wahr geworden, was Teilhard de Chardin sagte: «Die Welt ist nur nach vorwärts interessant.»

Die neue Perspektive

Textbefund

Die Erzählung von der Himmelfahrt Jesu ist im Neuen Testament ein Versuch unter anderen Versuchen, die Tragweite des Ostergeschehens abzustecken. Genauer: Sie ist der Versuch des Lukas, der am Ende seines Evangeliums (Lukas 24,51) und zu Beginn seiner Apostelgeschichte (1,9–11) ganz kurz – kürzer geht's nimmer! – erzählt, Jesus sei vor den Augen seiner Jünger emporgehoben worden, worauf ihn eine Wolke aufnahm, «so dass er ihren Blicken entschwand».

Andere Zeugen des Neuen Testaments wissen von solcher Himmelfahrt nichts. Für Paulus ist Jesu Auferstehung bereits die Erhöhung des Gekreuzigten zu Gott (Philipper 2,9), bei Johannes ist sogar schon Jesu Kreuzigung «Erhöhung» (Joh 3,14; 8,28).

Dennoch hat Lukas die Himmelfahrt Jesu nicht einfach erfunden. Die Kürze seines Berichts spricht dagegen, vergleicht man sie mit später «erfundenen» Legenden, die zum Beispiel die «Himmelfahrt» des Petrus oder anderer Apostel wohlgefällig detailliert ausmalen. Lukas hat nicht etwas erfunden, er ist Sprecher einer Gemeindeüberlieferung, die zurückreichen könnte bis in den Kreis der Auferstehungszeugen.

Ein Problem, mit dem sich die erste, auf die Apostel als Auferstehungszeugen gegründete Gemeinde auseinandersetzen musste, war dieses: Wie ist es zu verstehen, dass der Auferstandene in den ersten 40 Tagen nach Ostern seinen Jüngern *sichtbar, greifbar* sogar, erschien – danach aber nicht mehr? Lukas macht sich zum Sprecher jener, die antworteten: Nach seiner Auferstehung kehrte Christus zunächst in eine Art, wenn nicht gerade irdischen, so doch irdisch sich manifestierenden Lebens zurück, das durch die Himmelfahrt beendet wird. Demgegenüber scheint zum Beispiel Johannes (Joh 20 u. 21) anzunehmen, dass jede Erscheinung des Auferstandenen bereits vom Himmel her geschieht und jedes Mal mit einer Rückkehr in den Himmel schliesst. Danach hätte es so viele «Himmelfahrten» wie Erscheinungen des Auferstandenen gegeben. Aus dieser Sicht war das, was Lukas als Himmelfahrt beschreibt, nichts Einmaliges, sondern schlicht der in seiner Form schon nicht mehr neue Abschluss der letzten Erscheinung des auferstandenen Herrn vor seinen Jüngern.

Himmel

Die den verschieden deutenden Überlieferungen gemeinsame Frage ist diejenige nach Existenz- und Wirkungsweise des, menschlichen Blicken entzogenen, Auferstandenen, die Frage also nach der Relevanz von Begriffen wie «Erhöhung», «Himmel».

Ob «Erhöhung», ob «Himmelfahrt»: in jedem Fall ist gemeint ein Eingehen Christi in die uns unsichtbare, unverfügbare Sphäre Gottes. Dabei ist zu beachten, dass für Jesus «Himmel» nie ein von uns weit entfernter Aufenthaltsort Gottes («... überm Sternenzelt ...») war. Wie er das Himmelreich als nahe herbeigekommen verkündete, so lehrte er auch beten zum «Vater im Himmel»: womit gerade nicht Gottes Ferne, sondern seine hautnahe Gegenwart (Luther: «... näher als mein eigen Hemd») betont wurde.

Vielleicht ist «Himmelfahrt» (und damit die Überlieferungsvariante des Lukas) insofern eine nicht ganz hilfreiche Redeweise, als sie dem Missverständnis eines Fortgehens, einer Distanzierung Jesu Christi von den Seinen und der Welt überhaupt Vorschub leistet. Durch das Ostern und Himmelfahrt weiter entfaltende Pfingstgeschehen und dessen Folgen weiss es der Bibelkundige freilich besser: Gerade weil jetzt unsichtbar und an keine lokale Begrenzung mehr gebunden, ist der Auferstandene den Seinen fortan überall nahe, überall «im Geist» gegenwärtig, sei es in Antiochien, Korinth, Rom oder Mümliswil.

«Himmel» ist in diesem Zusammenhang demnach kein von der Erde getrennter Ort. Vielmehr geht dieser Himmel, als Wirkungsraum Gottes, «querweltein». Christus, zum Himmel «erhöht», «zur Rechten Gottes» – das heisst deshalb: Gegenwart des Herrn, wo immer rund um den Erdball wir ihn anrufen oder ihm in den «geringsten seiner Brüder» begegnen. Die Existenz- und Wirkungsweise des Auferstandenen ist mithin Teilhabe an der universalen und souveränen Allgegenwart Gottes im Geist. Seine Aufnahme in den Himmel besiegelt Gottes Entschluss, uns Menschen anzunehmen. Insofern eröffnet Himmelfahrt die Zukunft einer neuen Gemeinschaft zwischen Gott und uns Menschen. Ihr Garant ist der erhöhte Christus – unser Bruder.

Zukunft

Die Präsenz des auferstandenen Christus «querweltein» – Ergebnis des Oster-, Himmelfahrts- und Pfingstgeschehens – zielt nicht auf Sanktionierung der herrschenden Weltzustände, vielmehr auf deren radikale Veränderung. Christus diese radikale Weltveränderung zutrauen, heisst an die wirksame Herrschaft des auferstandenen Herrn glauben.

Das Ostergeschehen, damit auch seine deutende Entfaltung im lukanischen Himmelfahrtszeugnis, weist also nicht fort in entfernte, kosmisch-reale oder geistige Himmelsräume, es weist uns ein in die am Ostermorgen begonnene Zukunft unserer Welt. Deshalb wird den Jüngern nach der letzten Erscheinung und Himmelfahrt des Auferstandenen verheissen:

«Dieser Jesus, der von euch weg in den Himmel emporgehoben worden ist, wird so kommen, wie ihr ihn habt in den Himmel fahren sehen» (Apostelgeschichte 2,11). Das ist die Ansage jener Weltzukunft, auf die hin die Jünger tätig sein werden (und nach ihnen: die Kirche), die sich aber als entscheidende Wende zum Gott-Neuen definitiv mit dem Zu-uns-Kommen des Herrn vollenden wird.

Christus, der Auferstandene und Erhöhte, ist schon jetzt diese Zukunft, die unserem Mensch-Sein und Mitmensch-Sein von Gott bestimmt ist. Er ist die Zukunft mitten in unserer vergänglichen, von Vergangenheit gezeichneten Gegenwart. Fremd, unfassbar bleibt er gerade deshalb, weil er, uns voraus, schon ist, wozu die Welt erst noch werden muss: eins mit Gott! Uns fremd, uns unerklärbar bleibt die Weise seiner Wirksamkeit, weil sie nicht durch Vergangenheit, sondern durch Gottes Herrschaft, also durch Zukunft, bestimmt ist. Befremdlich anders deshalb auch seine «Herrschaft»: Sie ist nicht (wie wir uns unbedacht vorstellen) orientiert an geschichtlichen Herrschafts- und Regierungsmodellen (monarchisch, patriarchalisch, autoritär usw.). Er herrscht, indem er brüderlich solidarisch ist; er hat Autorität, indem er auf Gewaltanwendung verzichtet; er verändert, indem er langmütig ist; er richtet, indem er vergibt; er ist der Erste, indem er der Letzte wird. Die Weise seiner Herrschaft ist also orientiert am Modell der Zukunft Gottes, wo «Gott alles in allem» ist, Bruderschaft, Liebe, Gerechtigkeit, Humanität deshalb selbstverständlich sind.

Es ist ganz unbiblisch, so sagte Christoph Blumhardt, zu denken: Bald ist es aus, ich sterbe ja bald! «An das hat weder ein Israelit noch ein Apostel gedacht, sondern bei denen ist es immer nur der Gedanke: ‹Bis unser Gott kommt! Bis unsere grosse Zeit kommt! Ja, der Herr kommt bald – nur fortgemacht!› Das ist biblisch – an die ewige Sterberei hat man nicht gedacht. Erst die neuern christlichen Zeiten, die die Bibel nimmer verstehen und die von heiliger Geschichte nichts mehr wissen, haben den Tod zum Ziel des Lebens gemacht. Das ist aber gegenüber der Bibel furchtbar kleinlich, den Tod zum Mittelpunkt des ganzen Denkens zu machen! Biblisch wird eine Grenze dieser Zeit gegeben, und ein Neues, in diese Welt Hereinkommendes gedacht, in welchem alles gut wird!»

So Blumhardt. Und ich glaube: Genau dies ist die Perspektive, die uns das Himmelfahrtszeugnis eröffnet.

Mut

Dass sich die Christenheit am Karfreitag die Kreuzigung Jesu und an Ostern die Auferweckung des Gekreuzigten vergegenwärtigt – das dürfte vielen noch bekannt sein. Doch Pfingsten? Man mache die Probe aufs Exempel und frage in seinem Bekanntenkreis! Kirchgänger oder nicht: Auf die Frage, warum denn Pfingsten gefeiert werde, geraten die meisten ins Stammeln, wenn sie nicht rundheraus gestehen, sie wüssten es nicht.

Nun ist zuzugeben, dass dieses Nicht-Wissen mit verursacht ist durch die mangelnde Klarheit der kirchlichen Verkündigung und Lehre. Ferner bezieht sich Pfingsten auf kein biografisches Faktum des Lebens Jesu: Auch das trägt zur «Schwerverständlichkeit» dieses Festes bei.

Am prägnantesten scheint mir für die Geschehnisse der ersten Pfingsten die immerhin noch anschauliche Formel zu sein: *Pfingsten ist der Geburtstag der christlichen Kirche.*

Der neutestamentliche Pfingstbericht (Apostelgeschichte 2) stellt die Geburt der ersten christlichen Gemeinde in Jerusalem als Wunder dar.

Dieses Pfingstwunder bestand jedoch nicht primär in einem akustischen Phänomen: «Und plötzlich entstand vom Himmel her ein Brausen, wie wenn ein gewaltiger Wind daherfährt, und erfüllte das ganze Haus, worin sie sassen» (Apostelgeschichte 2,2). Das Wunder bestand auch nicht im optischen Phänomen, das dem akustischen folgte: «Und es erschienen ihnen Zungen, die sich zerteilten, wie von Feuer, und es setzte sich auf jeden unter ihnen» (Apostelgeschichte 2,3). Was hier berichtet wird, ist – in seiner Undurchsichtigkeit – kein in sich bedeutsames Geschehen, sondern erst Hinweis auf das eigentliche Pfingstwunder.

Zuweilen sagt man: Das Pfingstwunder bestand im Sprachwunder. Eine Volksmenge lief zusammen, «gottesfürchtige Män-

ner aus jedem Volk unter dem Himmel» (Jerusalem war ja Wall-
fahrtsort!). Sie hörten die Jünger reden und wurden verwirrt:
«Denn jeder hörte sie in seiner eigenen Sprache reden» (Apos-
telgeschichte 2,6). Aber auch diese plötzliche, universale Ver-
ständlichkeit dessen, was die Jünger reden, bleibt immer noch
eher begleitendes Zeichen als Wunder im Geschichte wirken-
den und Kirche stiftenden Sinn.

Die Frage, ob und inwiefern die berichteten Phänomene
«wahr» sind, sei es in einem historischen, sei es in einem mehr
mythologischen Sinn, braucht uns hier nicht weiter zu beschäf-
tigen, weil es sich bei diesen Phänomenen nicht um das zentrale
Pfingstwunder gehandelt hat. Es waren «Zeichen», die auf das
Entscheidende verwiesen.

*

Man vergegenwärtige sich die Zusammenhänge: Nach der
Hinrichtung Jesu lebten dessen Jünger im «Untergrund». Die
Erscheinungen des vom Tod Auferweckten hatten sie zwar
wieder in Jerusalem vereinigt (nachdem sie zum Teil zurück
nach Galiläa gegangen waren). Doch wenn die Jünger (und ihre
Freunde) sich in Jerusalem trafen, so geschah es hinter «ver-
schlossenen Türen». Sie hatten triftige Gründe, das Licht der
Öffentlichkeit zu scheuen: Die Möglichkeit, dass der die herr-
schende Klasse religiös und politisch repräsentierende Hohe
Rat nach dem Anführer der gotteslästerlichen und politisch
verdächtigen Bewegung auch die Anhänger festnehmen und
allenfalls im Schnellverfahren beseitigen könnte, lag auf der
Hand. Deshalb versteckten sich die Jünger hinter verriegelten
Türen und hüteten sich, irgendwelches Aufsehen zu erregen.
Der auferstandene Herr erschien ihnen, indem er durch sorg-
fältig verschlossene Türen kam. Man übersieht den «Unter-
grund»-Charakter dieser Erscheinungen leicht und legt ihnen
eine triumphale Glorie bei, die sie kaum hatten.

Das war die Situation. Ein öffentliches Auftreten oder sogar
Reden der Jünger kam unter diesen Umständen gar nicht in
Frage, waren es doch noch keine zwei Monate her, seit Jesus hin-

gerichtet worden war. Berechtigte Furcht zwang den kleinen Jüngerkreis zu äusserster Vorsicht, zum Schweigen, zur Anonymität.

Und nun das Pfingstwunder! Von einer Stunde zur anderen treten die Jünger aus «Untergrund» und Anonymität hervor, frei von Furcht, jede Vorsicht hinter sich lassend. Sie verkünden öffentlich und einer grossen Volksmenge «die grossen Taten Gottes» (Apostelgeschichte 2,11). Sie schrecken nicht davor zurück, sehr deutlich und konkret zu reden. Petrus sagt rundheraus: Jesus, den «ihr durch die Hand der Gesetzlosen habt annageln und töten lassen ... ihn hat Gott auferweckt, wofür wir alle Zeugen sind» (Apostelgeschichte 2,23/32).

Das also ist das *Pfingstwunder*: dieser plötzliche Schritt aus verborgenem «Untergrund» in die ungeschützte Öffentlichkeit, dieser Schritt aus dem Schweigen der Angst in das Reden der Verkündigung, diese Kühnheit, den vor Kurzem Gehenkten urbi et orbi als Gottes Sohn auszurufen! Gewiss: Die Begegnungen mit dem vom Tod Auferweckten hatten diesen Schritt schon vorbereitet. Dennoch bleibt, was so an Pfingsten geschah, ein unerklärliches Phänomen plötzlichen Mutes – eines Mutes, der durchaus nicht ebenso plötzlich dahinschwand wie er gekommen, sondern der erstaunlicherweise bei den Beteiligten eine Konstante ihres weiteren Lebens blieb.

Ein Wunder war alles deshalb, weil dieser ersten öffentlichen Verkündigung des Christus-Glaubens kein Entschluss des Jüngerkreises vorausging. Alle Beteiligten hatten übereinstimmend das Gefühl, nicht selber den entscheidenden Schritt getan zu haben, sondern in die riskante Öffentlichkeit geradezu gestossen worden zu sein. Darauf weisen auch die begleitenden Phänomene des Pfingstgeschehens hin: Nicht die Jünger fassten Mut, vielmehr wurden sie von einer Macht erfasst, die ihre Furcht in Mut verwandelte. Das biblische Zeugnis nennt diese Macht Heiligen Geist oder (weil heilig bedeutet: zu Gott gehörig, von Gott kommend) Gottes Geist. Die christliche Lehre erläutert: Der Heilige Geist ist der aktuell wirkende, jetzt gegenwärtige Gott.

Tatsache ist: Noch am gleichen Tag wurden «etwa dreitausend Seelen hinzugetan» (Apostelgeschichte 2,41). Aus dem verängstigten Grüpplein ist mit einem Schlag die erste Gemeinde, ist Kirche geworden! *Pfingsten ist der Geburtstag der christlichen Kirche.*

*

Nun gilt aber: Die christliche Kirche feiert nicht Geburtstag, sie ist Geburtstag, sie existiert nur, indem sie immer neu geboren wird. Die Kirche ist das Ereignis ihrer stets neuen Geburt aus Gottes Geist und aus Gottes Wort. Was die Kirche sonst noch ist – eine Institution, eine Tradition –, ist nur «Untergrund» menschlichen Verhaltens oder Missverhaltens, aus dem heraus die Geburt der Gemeinde sich als pfingstliches Wunder vollzieht. Gemeinde in diesem Sinn ist nicht ein Grüpplein Gläubiger und Gleichgesinnter, das sich selber genug ist, sondern Verkündigung von Gottes kommender Herrschaft in die Welt hinein. Der menschliche Aspekt dieser Verkündigung bleibt das Phänomen des Mutes, der Entmutigte ergreift. Mut, das zu sagen, was gefährlich oder unpopulär ist; Mut, auch zu einer scheinbar verlorenen und aussichtslosen Sache sich zu bekennen. Solcher Mut ist – nach dem Zeugnis der Bibel – das Gottesgeschenk! Man kann ihn sich nicht selber geben, man kann sich ihm aber entziehen.

Die alte Pfingstbitte «Komm Schöpfer Geist» ist die Bitte um das Wunder schöpferischen Mutes.

Passion

Nachträglich – bereits auch im zweiten Testament – haben Kirche und Theologie versucht, Jesu gewaltsamen Tod als gottgewollt und heilsnotwendig darzustellen. Gottes gerechtem Zorn habe Genüge getan, die Schuld aller durch den einen bezahlt werden müssen, der Kreuztod Jesu sei deshalb ein Sühnopfer gewesen für die Sünden aller einstigen, jetzigen und künftigen Menschen. Einzig dieses Selbstopfer Jesu resp. die Opferung des Sohnes durch den himmlischen Vater habe uns allen, habe der Menschheit Vergebung erwirken können.

*

Offensichtlich aber ist die Menschheit trotzdem dieselbe und unerlöst geblieben. Und die Christenheit? Von ihr sind die grössten Raubzüge, die mörderischsten Kriege, die rücksichtslosesten Natur- und Kulturzerstörungen der Geschichte ausgegangen, oft unter Berufung auf die Welterlösung durch den Gekreuzigten, doch unter Ignorierung der konkreten Botschaft, z.B. der Bergpredigt Jesu (Matthäus 5–7). Deshalb einst Heinrich Bölls Klage: «‹In der Welt habt ihr Angst›, hat Christus gesagt, ‹seid getrost, ich habe die Welt überwunden.› Ich spüre, sehe und höre, merke so wenig davon, dass die Christen die Welt überwunden, von der Angst befreit hätten; von der Angst im Wirtschaftsdschungel, wo die Bestien lauern; von der Angst der Juden, der Angst der Neger[3], der Angst der Kinder, Kranken. Eine christliche Welt müsste eine Welt ohne Angst sein, und unsere Welt ist nicht christlich, solange die Angst nicht geringer wird, sondern wächst; nicht die Angst vor dem Tode, sondern die Angst vor dem Leben und den Menschen, vor den Mächten und Umständen, Angst vor dem Hunger und der Folter, Angst

---

3   Vgl. editorische Anmerkung, S. 236.

vor dem Krieg; die Angst der Atheisten vor den Christen, der Christen vor den Gottlosen, eine ganze Litanei der Ängste ...»

*

Im Zeichen des Kreuzes wurde gesiegt und erobert. Die Angst aber blieb und wuchs sogar. Unerlöstheit allenthalben und bis in die Seelen hinein, wie die Tiefenpsychologie ausbrachte. Hat die von der Theologie so subtil, oft aber auch triumphal interpretierte «Erlösungstat» des Christus denn überhaupt nichts verändern können?

*

Immerhin bekannte Heinrich Böll: «Selbst die allerschlechteste christliche Welt würde ich der besten heidnischen vorziehen, weil es in einer christlichen Welt Raum gibt für die, denen keine heidnische Welt je Raum gab: für Krüppel und Kranke, Alte und Schwache, und mehr noch als Raum gab für sie: Liebe für die, die der heidnischen wie der gottlosen Welt nutzlos erschienen und erscheinen.» – Was Böll hier zugunsten der «christlichen Welt» vorbringt, dürfte seine Wurzeln weniger im Sühnopfer als in der Verkündigung und im exemplarischen Handeln Jesu haben.

*

Hat die an Jesus vollzogene Todesstrafe wenigstens mit dazu beigetragen, dass einige christlich beeinflusste Staaten die Todesstrafe schliesslich abgeschafft haben? Ich weiss es nicht, schön wär's und dann immerhin eine positive, eine konkrete Nachwirkung der Passion Jesu. Ruft nicht ein jedes Kreuz oder Kruzifix nach wie vor – z.B. in den «christlichen USA» – zur Abschaffung der Todesstrafe auf? Kann dieser Aufruf jedoch gehört werden, solange die Kreuzigung Jesu als gottgewollt und heilsnotwendig verstanden wird?

Glaubt denn jemand im Ernst, alle die nachträglich entwickelten und ausgesponnenen Heils-Deutungen der Passion seien auch diejenigen dessen gewesen, der mit der Psalmzeile auf den Lippen starb: «Mein Gott, mein Gott, warum hast du mich verlassen?»? Für mich ist dieses «Warum?» und der Abgrund einsamer Gottverlassenheit, dem es entstieg, die wahre, die tatsächliche Passion, die zum Himmel und in unsere Herzen schreit, gestern wie heute z. B. im «Warum?» der von Gott verlassenen Jüdinnen, Juden in den Gaskammern, im «Warum?» all jener, die, von Ihm und von allen verlassen, der fürchterlichen Grausamkeit ausgeliefert sind, derer Menschen gegeneinander nach wie vor fähig sind.

Sollte Jesus die gewaltsame Beendigung seines Wirkens etwa für heilsnotwendiger gehalten haben als dieses Wirken selbst? Daran zweifle ich und ebenso an der Vorstellung, in seinen zwei letzten Lebenstagen und in den Tagen danach sei ein längst schon festgelegtes «Erlösungsprogramm» sozusagen planmässig abgelaufen. Ein derartiges «Programm» mag «Systematiker» befriedigen, ich halte es für kaum vereinbar mit der Weltleidenschaft des «Ich werde da sein, als der ich (jeweils) da sein werde».

*

Der christliche Gebrauch des Wortes «Passion» unterschlägt meistens dessen Doppelsinn. Ebenso wie Leiden bedeutet «Passion» bekanntlich *Leidenschaft*. Insofern stand bereits Jesu öffentliches Auftreten im Zeichen seiner Passion, seiner Leidenschaft für Gott. Dass er genau dafür mit der Gottverlassenheit am Kreuz bezahlen musste, war das eigentliche Drama.

*

Was sucht denn Gottes Leidenschaft und Liebe bei uns Menschen? Eine entsprechende Antwort, nämlich: Leidenschaft und Liebe für die Menschen. Und darin: Leidenschaft und Liebe für Gott. In Jesus hat Er diese Antwort gefunden, exemplarisch gewissermassen. Ebenso exemplarisch aber haben die Menschen resp. deren damalige Autoritäten und Exponenten diese Antwort verworfen.

*

Dass der Nazarener, wie manche Evangelienstellen zeigen, Prozess und Todesurteil schliesslich je länger desto unabwendbarer auf sich zukommen sah und sich der Verhaftung dennoch nicht entzogen hat, was vermutlich möglich gewesen wäre, sondern sich den Gegnern stellte, spricht m. E. für die Stärke und Bedingungslosigkeit seiner Gottes-Leidenschaft, besagt jedoch nicht, dass er seinen Tod *gewollt* hat. Jesus war nicht martyriums- und todessüchtig. Seine Passion für Gott war *Passion für das Leben*.

*

Können Leben und Wirken Jesu vielleicht als ein Gleichnis der göttlichen Welt- und Lebensleidenschaft verstanden werden? Die ihm nachträglich zugesprochenen Titel – Christus/Messias, Sohn Gottes, Retter/Heiland –, die er selber nie für sich verwendet hat, weisen in diese Richtung. Wäre dann also auch Jesu Leidens-Passion ein Gleichnis des menschenbewirkten Leidens Gottes – eines Leidens, das Er auf sich nimmt, weil Er Liebe und ausserhalb der Liebe nicht ist? Was Seine Härte erklären würde, die nicht zwingt, weil Zwang nicht in der Liebe ist, wohl aber – Leiden.

*

«Die Liebe erduldet alles», «sie rechnet das Böse nicht zu» (1. Korintherbrief 13,5–7): keine Liebe ohne Vergebung! Die Verkündigung Jesu lässt keinen Zweifel offen, dass es für ihn ohne *göttliche* Vergebung kein Heil, keine Zukunft und ohne *gegenseitige* Vergebung unter Menschen kein gedeihliches Zusammenleben, keinen Schalom, geben kann. Dieser tiefen Überzeugung entsprang die Bitte selbst noch des Agonisierenden am Kreuz: «Vater, vergib ihnen, denn sie wissen nicht, was sie tun.» (Lukas 23,34) Jesu Bitte ist (für mich) stärker als alle Opfer- und Genugtuungskonstrukte rund um seine Passion.

Ostern

Weil Jesus, der Christus, zur Zentralfigur der Christenheit geworden ist, nimmt diese gerne an, er sei auch seinerzeit schon Mittelpunkt allen Geschehens in Galiläa und Judäa gewesen. Die Realität dürfte anders ausgesehen haben. Vermutlich war Jesus einer unter anderen «Wandercharismatikern» (Gerd Theissen) und sein öffentliches Wirken ebenso wie seine öffentliche Hinrichtung in jener religiös und sozial bewegten Zeit ebenfalls ein Vorkommnis unter anderen.

*

Dass aber gerade Jesus nicht bald wieder in Vergessenheit geriet, dass sogar einige Jahrzehnte nach seinem Tod Leute daran gingen, in Umlauf gebliebene Geschichten über ihn zu sammeln, schriftlich festzuhalten und als Evangelien zu gestalten, scheint eine Folge jener rätselhaften Ereignisse gewesen zu sein, die wir seither im Begriff «Ostern» zusammenfassen. Nicht allein aber die Evangelien, auch die anderen, z. T. schon vorevangelischen Schriften des zweiten Testaments (und ebenso die apokryphen Texte) setzen das Ostergeschehen voraus. Ohne Ostern kein «Neues» oder zweites Testament. An und nach Ostern müssen Dinge passiert sein, die das Interesse an der Person und der Botschaft Jesu schliesslich auch in breiteren Kreisen so nachhaltig geweckt haben, dass ein Bedürfnis nach schriftlich fixierten Zeugnissen entstanden war.

*

Die «Dinge», die sich da ereignet hatten, waren freilich gerade keine Dinge, es waren *Erscheinungen*: Der Gekreuzigte *erschien* den Seinen – und zwar so, dass diese ihn zunächst oft nicht wiedererkannten (Lukas 24,13–31; Johannes 20,14; 21,4). Ein Verwandelter also. Und so plötzlich, wie er da war, war er auch wieder nicht mehr da – als hätte sich in ihm etwas von der

Erscheinungsweise dessen widerspiegeln wollen, der einst verheissen hatte: «Ich werde (da) sein, (als) der ich (jeweils dann da) sein werde.» Nach relativ kurzer Zeit hörten die Erscheinungen auf. Halluzinative Phänomene vielleicht? Doch wer dies annimmt, müsste dann auch erklären können, weshalb diese so erstaunliche Langzeit- und Breitenwirkungen haben konnten.

*

Die Erscheinungen konnten die Jüngerinnen, Jünger schliesslich jedenfalls davon überzeugen, dass der am Kreuz zu Tod Gemarterte vom Tod auferweckt worden, dass er auferstanden war. Allerdings erschien der Auferstandene exklusiv nur seinem Jüngerkreis. Warum nicht auch Aussenstehenden, warum z.B. nicht – triumphierend! – dem Pilatus, warum nicht den Mitgliedern des Synhedriums oder Hohen Rats, sodass diese überwältigt, gedemütigt, in Reue zitternd vor ihm auf die Knie gefallen wären? Oder warum nicht – um weiter zu fantasieren – dem Kaiser in Rom höchstselbst, sodass dieser seine Macht vielleicht in den Dienst dessen hätte stellen wollen, der über den Tod triumphiert hatte? Nichts dergleichen geschah. Sowenig Jesus am Kreuz nach Gottes Zorngericht gerufen hatte, sowenig triumphierte er als Auferstandener gegen und über seine Gegner.

*

War Jesu Auferstehung denn überhaupt ein prinzipieller Triumph über den Tod? Lehrt Gottes Schöpfung nicht, dass ohne Sterben kein Leben möglich ist, dass der Tod nach dem Willen des Schöpfers zum Leben gehört? Was freilich nicht ausschliesst, dass Sterben Verwandlung bedeuten könnte, z.B. von einer Lebensform in andere Lebensformen. Die Schöpfung insgesamt befindet sich in einem Prozess andauernder Verwandlung, Transformation. Wenn der Auferstandene triumphierte, dann vor allem über den Versuch, ihn *gewaltsam* zu beseitigen, zum Schweigen zu bringen.

*

Die Erscheinungen des Auferstandenen blieben eine gruppen-
interne Angelegenheit. Der Verwandelte, der den Seinen
erschien, war der *Gekreuzigte* (Johannes 20,24–29), kein
Triumphator, geschweige denn ein messianischer Imperator.
Insofern enthielten die Erscheinungen auch eine *Weisung*
an die Jünger, an ihre Nachfolger, an alle Christen, nämlich:
Auch ihr sollt euch niemals in Glaubens-Triumphatoren oder
auch nur in kleine Glaubens-Imperatoren verwandeln! *Diese*
Oster-Weisung hat die Christenheit freilich *nicht* gehört und
nicht befolgt – das dürfte ihre grosse Schuld, Mitschuld sein
an manchen geschichtlichen Fehlentwicklungen.

*

Erschien der Auferstandene aus einem «Jenseits», und ist er
wieder in dieses zurückgekehrt? Falls ja, so ist es nur desto
bemerkenswerter, dass er nicht etwa kam, um die Seinen nun
ebenfalls ins «Jenseits» zu holen. Er kam, um ihnen Aufträge
zu erteilen für ihr diesseitiges Leben und künftiges Wirken
(Matthäus 28,16–20; Markus 16,15–20; Lukas 24,49; Johannes
20,17.20–25). Offensichtlich hat er die Welt, die ihm grausam
mitspielte, dennoch nicht aufgeben wollen, sah sie vielmehr
und nach wie vor vielmehr im Lichte der Weltleidenschaft Got-
tes. Im Übrigen war und ist «Jenseits» kein biblischer Begriff.

*

Waren die Erscheinungen eventuell übersinnliche, gewissermas-
sen okkulte Phänomene? Allein, der Verwandelte liess sich, so
die Texte, durchaus sinnlich berühren, anfassen, hatte sogar auch
Hunger und begehrte zu essen (Lukas 24,39–42). Die Erschei-
nungstexte sind voll von einer oft geradezu unverschämten
Sinnenhaftigkeit, was ihnen denn auch den Vorwurf eingetragen
hat, unglaubhaft zu sein. Bei den Jüngern scheinen jedoch gerade
die irritierend leibhaftigen Erscheinungen des Totgeglaubten
einen ungeheuren Motivationsschub eingeleitet zu haben.

*

Handelte es sich bei den Erscheinungen möglicherweise um *Visionen* der Jüngerinnen und Jünger? Im Unterschied zu Halluzinationen vermögen Visionen sehr wohl Akzeptanz zu finden und breite Bewegungen auszulösen, jedenfalls dann, wenn die «Schau» eine überzeugendere Sicht der Dinge und Zusammenhänge vermittelt als der Blick auf jeweilige Raum- und Zeitsegmente, die vermeintliche «Realisten» bereits für die ganze Realität halten. Die Ostertexte zeigen die Jünger zunächst aber nicht als Visionäre – das sind sie erst an und nach Pfingsten geworden –, sondern als überraschte, verdatterte, verwirrte Zeugen eines ihr Verstehen übersteigenden Geschehens. Gerade das macht sie zu Identifikationsfiguren. Bis zum heutigen Tag ist ihre Verwirrung, ihre Ratlosigkeit auch die unsrige.

*

Was denn nun waren die Erscheinungen wirklich? Keine Ahnung. Das Sichtbarwerden eines Risses, eines Ur-Sprungs sozusagen, in unserem scheinbar so kompakten Wirklichkeitsbegriff, der so kompakt vielleicht aber nur deswegen ist, weil er uns als Mittel der Weltbemächtigung dienen muss? Auch das weiss ich nicht, kann höchstens registrieren, dass jenes gruppeninterne, diskrete Oster-Geschehen, das von der damaligen Öffentlichkeit kaum wahrgenommen worden ist, reale und weitreichende Folgen gehabt hat. Darüber staune ich, ähnlich wie über das Urwunder, den Qualitätssprung vom Nichtleben zum Leben. Schwer zu sagen, ob ein solches Staunen auch schon ein Glauben ist. Vielleicht dessen erste Regung? Ohne Zwang, d. h. ohne zwingende Notwendigkeit freilich auch sie. Wir müssen nicht, wir *dürfen* glauben – Freiheit also, Diskontinuität auch: Der Psychologe wird von irrationalen Gefühlen sprechen, der Theologe von Gnade. Manche Menschen aber vermögen über das Wunder Leben zu staunen, ohne doch in ihm die liebende, österlich erfindungsreiche Weltleidenschaft Gottes am Werk zu sehen. Homines admirantes, bewundernde Männer, Frauen auch sie und insofern Bundesgenossen im Kampf wider die langsame Zerstörung, Annihilierung des geschöpflichen Lebens auf diesem Planeten.

*

Das Wunder Leben, das Rätsel Ostern – unerklärbar jenes, unauflösbar dieses. «Wir ziehen daraus den Schluss, dass die genaue Wahrheit im Dunkel unserer Unwissenheit in der Weise des Nichterfassens aufleuchtet.» (So der Denker der gelehrten Unwissenheit, Nikolaus von Kues, in seiner Schrift *De docta ignorantia*, 1440).

Pfingsten

In den Pfingstereignissen (Apostelgeschichte 2) flammte Gottes Weltleidenschaft von Neuem auf, zeichenhaft in züngelnden Flämmchen «wie von Feuer», die sich auf die Schar der Jünger und Jüngerinnen verteilten – Reaktualisierung gleichsam der seinerzeit am Flammenberg Sinai ergangenen Bestimmung Israels zum heiligen, priesterlichen Eigentumsvolk Gottes (2. Mose 19,5–6). Wie am Sinai das *Volk* Empfängerin der Verheissung und Weisung war, so ist es an Pfingsten wiederum eine (wenn auch noch kleine) *Gemeinschaft*, die den Geist empfängt. Pfingsten war die Geburtsstunde der Kirche in ihrer Grundgestalt als *Gemeinde*. Deren einzelne Glieder *partizipieren* am Geist, der die Gemeinde bewegt.

*

Geht die spätere Bezeichnung der Kirche als *Mutter* vielleicht auf die syrischen Kirchenväter zurück, die den heiligen Geist Mutter nannten, vom «Mutteramt» des Geistes sprachen? Schon im Johannesevangelium (3,5) ist ja von der *Geburt* aus dem Geist Gottes die Rede. Das weist zurück auf das im Hebräischen weibliche Wort «ruach» für Geist: «die Geistin» also. Sie ist, zuweilen bis zur Verwechselbarkeit, mit der ebenfalls weiblichen Sophia (Weisheit) Gottes verwandt.

*

Das Bild von der Mutter schliesst dasjenige der erotisch/sexuell Liebenden zwangsläufig mit ein. Flammen «wie von Feuer» sind seit jeher Metaphern für leidenschaftlich brennende Liebe, so auch im Hohen Lied, der erotischen Liedersammlung der Bibel: «Ihre (der Liebe) Gluten sind Feuersgluten, ihre Flammen wie Flammen des Herrn.» (8,6) Unbefangen wird Gott hier das verzehrende Begehren liebender Leidenschaft zugetraut, zugeschrieben. Ist es nur Zufall, dass just die Taube, Begleiterin und

Botin der vorderorientalischen Liebesgöttinnen (wie auch von Aphrodite/Venus), zum Symboltier des heiligen Geistes geworden ist? Was hat denn der Geist Gottes mit Erotik zu tun? Eine Antwort auf diese Frage ist die während fast zwei Jahrtausenden dominante Männer-Theologie schuldig geblieben.

*

Wie auch immer der vom Tod auferstandene Jesus in Gottes Himmel erhöht worden sein mag, der Blick seiner Jünger wurde sogleich wieder aus der Vertikale in die Horizontale zurückgeholt (Apostelgeschichte 1,4–14). Gottes Leidenschaft gilt, in Seiner Weisung wie in Seinem Geist, nicht dem «Oben», sondern dem «Unten», nicht einem Jenseits, sondern dem Diesseits.

*

Im turbulenten Wallfahrtstreiben Jerusalems dürfte freilich auch das Pfingstereignis kaum von vielen wahrgenommen worden und noch immer ein eher gruppeninternes Geschehen gewesen sein. Vermutlich ist eine gewisse Aufmerksamkeit der urbanen Öffentlichkeit erst erwacht, als die Armen der Stadt der pfingstlichen Gemeinde zuzuströmen begannen, weil sie dort täglich zu essen bekamen. Die vom heiligen Geist Ergriffenen hatten ihren privaten Besitz verkauft, um den Erlös Bedürftigen zukommen zu lassen, «je nachdem einer es nötig hatte» (Apostelgeschichte 2,45; 4,52–5,11). Der Zustrom von Armen und Hungrigen wurde schliesslich so gross, dass die Apostel sich genötigt sahen, für Armenspeisung und Fürsorge spezielle Mitarbeiter einzusetzen (Apostelgeschichte 6,1–7). «Mutter Geist» liess die ärmsten ihrer Kinder nicht im Stich, wurde erfinderisch und praktisch, legte Hand an.

*

Aus dem Oster- und Pfingstgeschehen, an und für sich irritierend und rätselhaft, resultierte zunächst also – eine Armenspeisung und rudimentäre Armenfürsorge! Etwas Neues? Nicht doch, die ersttestamentliche Weisung hatte schon immer jedem

Juden die Fürsorge für Arme, Witwen und Waisen zur Pflicht gemacht. In Jerusalem scheint diese Art von gegenseitiger Fürsorge jedoch nicht mehr ausgereicht zu haben, vielleicht wegen der desolaten Wirtschaftslage, die sich in Städten am schlimmsten auswirkte. Der Zustrom von Verarmten zehrte schliesslich die Mittel der Urgemeinde auf und brachte das Experiment ihrer Gütergemeinschaft zum Scheitern, sodass der Apostel Paulus auf seinen Reisen Geld für sie sammeln musste. Spätere Kommunitäten (z. B. die Klöster) zogen daraus die Lehre: Ohne auch eine *gemeinsame Produktion* kann Gütergemeinschaft nie gelingen.

*

Im römischen Weltreich verbreitete die christliche Bewegung sich von Stadt zu Stadt, war ein *städtisches Phänomen*, weshalb das Wort «paganus», Landbewohner, zum Synonym für Nichtchrist, für «Heide» wurde. Ist die in Städten sich massierende Armut der geeignete Nährboden gewesen für die christliche Glaubenshoffnung? Wogegen die Landbevölkerung noch lange Zeit an ihren altvertrauten Agrar- und Fruchtbarkeitsgottheiten und -kulturen festgehalten hat – bis schliesslich auch sie von den städtischen Zentren aus religiös gleichsam kolonisiert worden ist. Hierbei dürfte nicht zuletzt das römische Bodenrecht als Instrument gedient haben. Es profanierte «Mutter Erde» zur Sache, zur Handelsware, und zerriss damit endgültig den einst engen Zusammenhang von Agrikult und Agrikultur.

*

Ich glaube nicht, überhaupt nicht, dass «Mutter Geist» – als Geistin des *Schöpfers*! – am römischen Bodenrecht und also daran Gefallen hat, dass «Mutter Erde» der menschlichen Hab- und Raubgier ausgeliefert wird. Erinnert sie seit Pfingsten nicht eher daran, dass «privat» ursprünglich und immer noch «geraubt» bedeutet?

*

Die Weisung und Leidenschaft Gottes und Seines Geistes resp. Seiner Geistin zielt auf Zusammenleben und Gemeinschaft, auf den Schalom. Das Soziale, d.h. das *menschliche* Zusammenleben, ist nur eine, allerdings bedeutsame Komponente des Schalom. Dennoch kann das Zusammenleben der Menschen nicht von ihrem Zusammenleben mit anderen Geschöpfen und mit der Schöpfung insgesamt getrennt werden. Ohne diese vermöchte der Mensch nicht zu leben. Darum müsste er ein vitales Interesse daran haben, mit seiner kreatürlichen Mitwelt ebenfalls zu einem friedlichen und für beide Seiten gedeihlichen Ausgleich, zu einem Schalom zu kommen (vgl. dazu 1. Mose 1 und 2; Psalm 104; Sprüche 8,22–31; Römerbrief 8,19–28). Schultheologisch formuliert heisst dies: Vor Gott werden wir erst gerecht sein können, wenn wir auch den Mitmenschen und auch der kreatürlichen Mitwelt gerecht geworden sind. Wie jedoch soll das möglich sein, wenn nicht «der Geist unserer Schwachheit zu Hilfe kommt» (Römerbrief 8,26)?

*

Tiere, Pflanzen haben uns Menschen voraus, dass sie des heiligen Geistes nicht bedürfen. Insofern ist der Mensch defizienter als seine Mitgeschöpfe, ist eine gefährliche, wenn nicht sogar die alles gefährdende Schwachstelle der irdischen Schöpfung. Andererseits freilich mobilisiert eben diese menschliche Defizienz und Bedürftigkeit Möglichkeiten und Energien, die über diejenigen anderer Kreaturen hinausgehen. Der Mensch: Gottes kühnster Entwurf, gerade als solcher aber ein Risikogeschöpf? Wie anders seine Erschaffung und Existenz erklären als mit einer Lebensleidenschaft und Weltlust, die ihresgleichen nicht hat? Was jedoch wird, wenn Gottes Geist die destruktiv ausartenden Humanenergien nicht in Schalom-Energien, den Homo imperator nicht in einen Homo amans et admirans, einen liebenden und ehrfürchtigen Menschen zu verwandeln vermag? Nichts aktueller und notwendiger deshalb als die alte Pfingstbitte: «Veni creator spiritus», komm Schöpfer Geist!

*

Einen vollkommen anderen Weg zur Transformation destruktiver Humanenergien weist der Buddhismus (in seinen mannigfaltigen Auffächerungen), ohne sich dabei auf einen göttlichen Willen, auf einen Gott überhaupt, geschweige denn auf eine göttliche Liebe und Weltleidenschaft zu berufen. Leidenschaft gilt hier vielmehr als Quelle jedes Leidens und allen Übels. Erlösung bedeutet deshalb: sich freimachen von jedweder Leidenschaft. Buddhas Lehre ist die vollkommene Antithese zum (auch jüdischen, auch islamischen) Glauben an eine göttliche Weltleidenschaft und zur biblischen Perspektive, die Friedrich Christoph Oetinger (1702–1782) einst in den Satz fasste: «Leiblichkeit ist das Ende der Werke Gottes.» Zwar steht die Auseinandersetzung mit dem Islam zuoberst auf der kulturell-politischen Dringlichkeitsliste. Theologisch-spirituell und langfristig hingegen dürfte – so Gott will und die Menschheit noch eine Weile lebt – der Buddhismus die noch grössere Herausforderung für das Christentum (ebenso für das Judentum und den Islam) bedeuten.

*

Der heilige Geist, weil er weht, wo er will, kann niemals Besitz religiöser Institutionen oder Lehrämter werden. Auch Begriffe vermögen ihn nicht anzubinden, nicht als geistigen resp. geistlichen Besitz festzuhalten. Der Begriff «Weltleidenschaft» taugt ebenfalls nur so weit, als er auf das freie, unverfügbare Walten Gottes und Seines Geistes zu verweisen vermag. Nur als geistig/geistlich Nichtbesitzende (im Sinne etwa von Meister Eckart) werden wir frei für den Schöpfer resp. die Schöpferin Geist und damit offen auch für interreligiöse Dialoge.

Christus, die Befreiung der bildenden Künste zur Profanität

1

Von den bildenden Künsten hören wir im Alten Testament entweder im Zusammenhang mit Bau und Ausstattung von Stiftszelt und Tempel oder im Zusammenhang mit der Herstellung von Gottes- und Götzenbildern. Die an Stiftszelt, Tempel und ihre Geräte gewandte Kunst gilt der alttestamentlichen Überlieferung als geboten, die an Gottes- und Götzenbilder gewandte Kunst als verboten. Natürlich bleiben auch damals Kunst und Kunsthandwerk nicht auf kultische Aufgaben beschränkt. Im Alten Testament selber hören wir davon aber wenig, denn nach seinem Zeugnis sind nicht die profanen, sondern die kultischen Bauten wichtig. So ist von Kunst und Kunsthandwerk fast nur im Zusammenhang mit Stiftszelt und Tempel positiv die Rede. Kristallisationspunkt der Künste ist der Kultbau. Von dieser Sakralaufgabe her empfangen die Künste ihre Legitimation und Würde.

Mittelpunkt von Stiftszelt und Tempel ist ursprünglich die Bundeslade, über welcher Gott residiert. «Wohnen» wäre ein zu statischer Ausdruck. Im Tempelweihspruch 1. Könige 8,13 steht ein Wort, das Martin Buber (Königtum Gottes, 1932, S. 209) mit «Pavillon» wiedergibt, d.h., der Tempel ist eigentlich «nicht ein Wohnhaus, sondern nur eine Einwohnungsstatt, ein Lusthaus gleichsam», «in dem JHWH (= Jahwe) immer wieder, in die Zeiten hin, seinen Sitz nehmen kann» (Buber). Gott «wohnt» also nach dieser alttestamentlichen Vorstellung nicht statisch im Kultbau. Sein Wohnen ist ein Akt.

Es gefällt ihm, seinem Volk je und je im Tempel zu begegnen, ohne dass er aber im Geringsten im Tempel fixiert wäre oder sich dort fixieren liesse. Gottes Bewegungsfreiheit bleibt gewahrt. Deshalb kann man sagen: Der Tempel (resp. das Stiftszelt) ist *Gottes irdische Residenz.* Sein «Wohnen» ist keine seinsmässige Zuständlichkeit, sondern der Akt des je neu sich ereignenden Residenz-Nehmens unter seinem Volke.

Schon vor Christus hatte der Tempel jedoch viel von dieser seiner Bedeutung verloren, das Schwergewicht des religiösen Lebens hatte sich mehr und mehr in die Synagogen verlagert. Jesus selber und seine Jünger respektieren und benützen den Tempel noch als «Bethaus». Aber gerade Jesus täuschte sich offensichtlich nicht darüber hinweg, dass der Tempel in Jerusalem seine alte, ursprüngliche Bedeutung längst verloren hatte. Nicht zufällig sind es Äusserungen Jesu zum Tempel, die ihm, verdreht und verzerrt, schliesslich als Anklage in seinem Todesprozess wieder vorgehalten werden und auf Grund deren er als Attentäter gegen den Tempel hingestellt wird. Tempelfrage und Tod Jesu sind eng miteinander verbunden.

In Matthäus 24,1.2 weist Jesus die Bewunderung, welche seine Jünger dem Tempel zollen, zurück: «Und seine Jünger traten hinzu, um ihm die Bauten des Tempels zu zeigen. Er aber begann und sprach zu ihnen: Seht ihr nicht dies alles? Wahrlich, ich sage euch: Hier wird kein Stein auf dem andern bleiben, der nicht zerstört würde.» Das Johannesevangelium interpretiert diese kritische Haltung Jesu dem Tempel gegenüber folgendermassen: «Jesus antwortete und sprach zu ihnen: Brecht diesen Tempel ab, und in drei Tagen will ich ihn wiedererstehen lassen. Die Juden nun sagten: In sechsundvierzig Jahren ist dieser Tempel gebaut worden, und du willst ihn in drei Tagen wiedererstehen lassen? Er aber sprach vom Tempel seines Leibes. Als er nun von den Toten auferweckt worden war, erinnerten sich seine Jünger, dass er dies gesagt hatte, und sie glaubten der Schrift und dem Worte, das Jesus gesprochen hatte» (Johannes 2,19–22).

Wir können die Erkenntnis, welche, wie dieser Johannestext zeigt, der nachösterlichen Gemeinde auf Grund des Wortes Jesu von Tempelzerstörung und -wiederaufbau aufging, so formulieren: War bis zu Jesus Christus Gottes aktuelle irdische Residenz, in die er nicht gebannt war, in der es ihm aber gefiel, seinem Volke je und je zu begegnen, eine *lokale* Residenz (Stiftszelt, Tempel), so wählt Gott von nun an eine *personale* Residenz (Jesus Christus). Natürlich ist der Bedeutungsschwund des Tempels ein geschichtlich sehr differenzierter Vorgang. Das Gleiche gilt von der theologischen Erkenntnisbildung der ersten Christengemeinden. Wir begnügen uns hier damit, das theologische Fazit dieser Entwicklungen zu ziehen. Nach neutestamentlicher Auffassung ereignet sich die Begegnung mit Gott von nun an nicht mehr in einem Tempel, sondern in der Person Jesu Christi.

Die Wendung, die damit vollzogen wurde, führt grundsätzlich über das Alte Testament hinaus. Sie ist nicht nur eine Rückwendung zur prophetischen Kritik am Tempelkult. In der ganzen Zeit des Alten Bundes bezog Gott ja stets wieder aktuelle Lokalresidenzen, vom Berg Sinai zur mobilen Lade, vom mobilen Stiftszelt mit der Lade bis zum in Jerusalem fixierten Tempel. An diesen aktuellen Lokalresidenzen Gottes entwickelte sich immer wieder Kunst, und zwar in umso grösserem Masse, als nicht mehr eine natürliche Örtlichkeit (Berg, Hügel etc.), sondern ein von Menschenhand verfertigter Raum (Bundeslade, Zelt, Tempel) Begegnungsort wurde.

Nun aber, mit dem Wechsel von der lokalen zur personalen Residenzweise Gottes auf Erden, wird den Künsten nicht nur ein bisheriger, sakraler Aufgabenbereich, sondern ihr Kristallisationspunkt überhaupt entzogen. Die bildenden Künste verlieren ihre sakrale Mitte. Damit, dass Gott in einer Person, und nicht mehr in einem Raum, inmitten seiner Gemeinde residiert, werden diejenigen Künste, die bisher ihre Würde und Legitimation von der Gestaltung des Sakralraums her ableiteten, in die Profanität verwiesen. Jesus Christus ist das prinzipielle, d. h. theologische Ende jeden Sakralraums und jeder Möglichkeit dazu.

Auch nach dem Ausbleiben weiterer sichtbarer Erscheinungen des auferstandenen Christus, nach der Himmelfahrt also, hielt die christliche Gemeinde mit Entschiedenheit an der aktuellen Personalresidenz Gottes auf Erden fest. Die Gemeinde braucht keinen Tempel mehr, weil sie selber, wo immer sie sich auch versammelt, der neue Tempel ist: «Wisset ihr nicht, dass ihr Gottes Tempel seid?» (1. Korinther 3,16; vgl. 2. Korinther 6,16; Epheser 2,21). Dieses Selbstverständnis der Gemeinde ist nicht etwa dahin zu deuten, dass sich die Gemeinde mit Christus identifizieren möchte. Es geht vielmehr um die Frage: Wie bleibt der auferstandene und erhöhte Christus seiner Gemeinde gegenwärtig? Die Antwort lautet: «Wo zwei oder drei in meinem Namen versammelt sind, da bin ich mitten unter ihnen» (Matthäus 18,20). Wiederum: nicht Lokalresidenz, sondern Personalresidenz! Personale Residenz Christi in der Gemeinde Gottes und personale Residenz Gottes in der Gemeinde seines Christus – wobei «Gemeinde» als Versammlung, doch nie als Versammlungsort zu verstehen ist. Dieses Missverständnis wurde erst möglich, als der Begriff «Gemeinde» verdrängt wurde durch den Begriff «Kirche», der sowohl die Versammlung wie den Versammlungsort bezeichnet, im allgemeinen Sprachgebrauch verhängnisvoller- und verwirrenderweise mehr diesen als jene!

Heilig ist nach neutestamentlicher Auffassung die Gemeinde, deren Bausteine die «Heiligen», d. h. die Christusgläubigen, sind (1. Petrus 2,5). In ihr begegnet Gott dem Menschen nicht mehr an einem bestimmten Ort. Es gibt keinen «heiligen» Ort und keine «heiligen» Räume mehr. Es gibt nur noch profane Orte und Räume. Und die bildenden Künste, nach der alttestamentlichen Überlieferung auf die Gestaltung des Sakralraums zentriert und von dieser Aufgabe her ihre Würde und Legitimation ableitend, finden sich nun auf einmal in der Profanität. Aus diesem Grunde ist das Neue Testament denn auch, was die bildenden Künste betrifft, kunstindifferent.

2

Man hat die Kunstindifferenz des Neuen Testaments aus der eschatologischen Grundbestimmung der ersten Gemeinden erklärt. Die gespannte Parusieerwartung habe für künstlerische Betätigung weder Zeit noch Raum gelassen. Dann aber ist die christliche Kunst, die sich in den ersten nachchristlichen Jahrhunderten langsam entwickelte, ein Produkt der Enteschatologisierung des Christentums. Historisch ist das richtig beobachtet. Aber es ist alles andere als eine theologische Rechtfertigung der christlichen Kunst, oder man müsste dann der geschichtlichen Entwicklung, die von der eschatologischen Naherwartung wegführt, heilsgeschichtliche Dignität und normative Geltung zugestehen, wie es die römisch-katholische Theologie tut, d h.: Man müsste der Tradition Offenbarungscharakter konzedieren.

Kann man hierin jedoch der römisch-katholischen Theologie nicht folgen, dann wird man auch darauf verzichten müssen, die historisch gegebene Enteschatologisierung des Christentums und das damit verbundene Aufkommen christlicher Sakralkunst als theologisches Argument zugunsten dieser uns Feld zu führen.

Die theologische Aufgabe besteht nicht darin, die Kunstindifferenz des Neuen Testaments zu entschuldigen. Sie besteht vielmehr darin, diese Kunstindifferenz zu interpretieren. Wir tun das, indem wir aus den bisherigen Ausführungen eine positive Schlussfolgerung ziehen und sagen: Die Kunstindifferenz des Neuen Testaments ist nicht eine Peinlichkeit, die zu entschuldigen, oder ein Mangel, der nachträglich zu beheben ist, sie ist überhaupt kein Negativum, keine Not, im Gegenteil, sie ist eine Befreiung – die Befreiung der bildenden Künste zur Profanität. Weil es seit Christus keine heiligen Räume und Gegenstände mehr gibt, gibt es auch keine heilige Kunst mehr. Die Unterscheidung zwischen sakraler und profaner, zwischen heiliger und weltlicher Kunst wird damit grundsätzlich hinfällig und theologisch irrelevant.

Wir interpretieren die Kunstindifferenz des Neuen Testaments positiv als «Befreiung» auf Grund der Tatsache, dass das Alte Testament den Künsten durchaus nicht ablehnend gegenübersteht, im Gegenteil, es kennt eine wirklich heilige, d.h. von Gott gebotene Kunst. Man denke nur an die Vorschriften über Bau und Ausstattung des Stiftszeltes in 2. Mose 25–31 und 35–40! Solche Gebote fehlen im Neuen Testament ganz, d.h., sie sind dadurch aufgehoben, dass der Tempel Gottes jetzt nicht mehr Raum, sondern Person ist. Das bedeutet aber keine stillschweigende Ablehnung der Künste überhaupt. Man könnte diese Folgerung höchstens ziehen, wenn dem Neuen nicht das Alte Testament zugeordnet wäre oder wenn man jenes von diesem marcionitisch trennen möchte. Es gibt im Alten Testament von Gott gebotene Kunst. Im Neuen Testament fällt das Gebot weg, nicht aber – so glauben wir interpretieren zu dürfen – die Kunst als eine menschliche Tätigkeit und als Element der Weltgestaltung. Sie wird stillschweigend vorausgesetzt wie schon im Alten Testament, nur dass es jetzt keine Gebote mehr gibt zur Herstellung und Gestaltung heiliger Räume, d. h. auch keine Gebote zur Herstellung christlicher Kunstwerke und noch weniger Vorschriften darüber, wie solche christlichen Kunstwerke allenfalls gestaltet sein müssten oder nach welchen Kriterien sie zu beurteilen wären. Es fehlt das alles nicht zufällig, sondern grundsätzlich, weil es seit Christus keinen sakralen Raum mehr gibt.

Es ist also durchaus legitim, dass die Kriterien, welche für die profane Kunst Geltung haben, auch auf die christliche Kunst angewendet werden. Christliche Kunst hat keinen Anspruch auf Sonderbehandlung und Sonderbewertung. Sie ist grundsätzlich nichts anderes und nicht mehr als die profane Kunst. Umgekehrt ist von dieser Sicht her aber auch die Sakralisierung der profanen Kunst ausgeschlossen, etwa in Richtung auf eine idealistische Kunstreligion und eine von dieser «heilig» gesprochenen Kunst. Hüben und drüben gilt dann ein und dasselbe: Kunst ist grundsätzlich ein «weltlich Ding», ist grundsätzlich profan.

Diese Tatsache kann nur bedauern, wer nicht sieht, was sie für unermessliche Möglichkeiten enthält. Erst die Befreiung der bildenden Künste zur Profanität bedeutet die prinzipielle Desavouierung jedes normativen Stils, jedes sich als definitiv gebärdenden Klassizismus, jedes sich als sakrosankt gebenden ästhetischen Prinzips, die alle als Anmassung entlarvt werden. Es geht hier letztlich um eine Variation der Sabbatfrage Jesu: Ist die Kunst Herr über den Menschen, oder ist der Mensch Herr über die Kunst? Diese These von der grundsätzlichen Profanität aller Kunst will nichts anderes besagen als: Der Mensch ist Herr über die Kunst. Am Vorwurf, der gegen jede neue, überlieferte Gesetze stürzende Manifestation der Kunst erhoben wurde und wird, ihr sei nichts mehr «heilig», ist etwas durchaus Richtiges, nur ist er als Vorwurf verfehlt, denn die grundsätzliche Profanität der Künste führt notwendigerweise zum Sturz der immer neu sich etablierenden, illegitimen «Heiligkeiten». Wenn es heute den Anschein hat, wir bewegten uns auf einem Trümmerfeld, auf dem Trümmerfeld gestürzter ästhetischer «Heiligkeiten», zerbrochener ästhetischer Gesetzestafeln, so ist das nicht einfach dem «Verlust der Mitte» zuzuschreiben – das hiesse die Dinge unerlaubt simplifizieren –, sondern es ist dies ebenso sehr ein Zeichen dafür, dass der Mensch aufgerufen ist, Herr über die Kunst zu sein und sich immer wieder von Neuem als solcher zu beweisen und zu bewähren.

Der Gekreuzigte

1

«Für die alten, noch im Geiste der Antike erzogenen Christen
hatte die Vorstellung des am Kreuze der Verbrecher sterben-
den Erlösers immer etwas Peinliches» (Arnold Hauser). Darum
kennt der älteste Bilderkreis der christlichen Kunst keine Dar-
stellung des Gekreuzigten. Eine solche wurde erst versucht als
die Kreuzigungsstrafe für Verbrecher längst nicht mehr üblich
war. Aber auch jetzt stellten die Kreuzigungsbilder nicht den
gedemütigten und gequälten Christus dar. Auf romanischen
Kreuzigungsbildern *hängt* Christus keineswegs am Kreuz, son-
dern er *steht* königlich da: sozusagen leidensunfähig. «Für den
Herrengeist des Zeitalters sind göttliche Hoheit und körperli-
che Pein unvereinbar» (Arnold Hauser). Erst die Gotik bringt
einen Wandel: Das Leiden des Herrn wird nun intensiv mit-
erlebt. Der Gekreuzigte trägt keine Königskrone mehr, son-
dern die Dornenkrone. Sein Körper windet sich vor Schmerz.
Das antike Kriterium der «Schönheit» wird ersetzt durch das
der «Wahrheit». Dieser Wandel erweitert den Motivkreis der
abendländischen Kunst: «Auch das Leidensmotiv, ja die Häss-
lichkeit des Schmerzes können jetzt als positive Werte in die
Kunst eintreten» (Erich Dinkler).

2

Diese Fakten der Kunstgeschichte sind in zweierlei Hinsicht
aufschlussreich.

Sie zeigen einmal, dass Kunst, auch christliche, vorweg auf
Verklärung ausgeht. Krasses, Anstössiges, Skandalöses wird
nach Möglichkeit vermieden. Nun *ist* aber die Kreuzigung
Christi als Verbrecher (als Gotteslästerer, als Rebell und – würde
man heute sagen – als «Atheist») eine Krassheit. Erst recht ein
Skandal war – und *ist*! es, dass ein Gehenkter der Erlöser sein
soll. Deshalb wagte man sich zunächst nicht an die Darstellung

dieses heiklen Themas. Und doch konnte es auf die Dauer nicht umgangen werden. Dazu war es denn doch zu zentral. Wenn man einmal mit der Darstellung des Gekreuzigten begonnen hatte, dann musste früher oder später vom Motiv, von der Sache her, unvermeidlich der Augenblick kommen, wo die ästhetisierende Verklärung durchbrochen wurde von der entsetzlichen, skandalösen Wahrheit des Leidens.

Indem jedoch – und das ist das Zweite, was hier aufschlussreich ist – die Wahrheit des Leidens kunstfähig wird, werden damit auch neue künstlerische Massstäbe gesetzt. Mit anderen Worten: Das Hässliche zieht in die Kunst ein. Möglich wird nunmehr so etwas wie eine Rechtfertigung des Hässlichen durch die Kunst. Womit das Hässliche nicht mehr hoffnungslos hässlich bleibt und überhaupt die Unterscheidung zwischen schön und hässlich fragwürdig, wenn nicht sogar unmöglich wird. Es findet nach und nach eine Entdämonisierung des Hässlichen statt. Wurde es früher kurzerhand dem Bereich des Bösen und Teuflischen zugerechnet, so bedeutet sein Einzug in die Kunst eine Art Integrierung in die Schöpfung Gottes.

Und dies alles als – gleichsam – Spätfolgen der Kreuzigung Christi in den Bereich der Kunst und damit unseres Weltempfindens hinein!

3

Doch was soll das alles? Was ist damit gewonnen für die Erkenntnis des Gekreuzigten selber?

Vielleicht das: dass diese Rechtfertigung des Hässlichen in der Kunst als Spätfolge des Karfreitagsgeschehens eine Art Gleichnis sein könnte für die Rechtfertigung des Sünders um derentwillen – nach dem neutestamentlichen Zeugnis – der Sohn Gottes sich kreuzigen liess. Wie immer man «die Sünde» und «den Sünder» definieren mag: Es geht um «Absonderung», um Zwiespalt, um einen Zerfall zwischen Mensch und Gott, zwischen Mensch und Mensch, zwischen Mensch und Schöpfung. Wenn etwas, dann ist also die Sünde Dissonanz, Disharmonie. Wenn jemand, dann ist der Sünder hässlich.

Und nun tritt – im «heiligen Tausch», wie Martin Luther aufgrund vom 2. Korinther 5,21 sagte – Gott selber in Jesus Christus an die Stelle des «hässlichen» Sünders. Dadurch wird der Mensch dem Bereich des «Bösen, das fortzeugend Böses muss gebären», entnommen und in den Bereich der Vergebung gestellt. Als die Sünder, die wir sind, werden wir integriert in Gottes Liebe, reintegriert in jene Zukunft, die die zerrissene, dissonante Welt «heilen» wird.

Lange bevor das Hässliche kunstfähig werden konnte, ist es also gottesfähig geworden: damals am Kreuz von Golgota!

4

Noch ist die «heile» Welt nicht Gegenwart, sondern Zukunftsansage. Und doch hat im gekreuzigten «Heiland» diese Zukunft bereits begonnen. Noch ist unsere Welt dieselbe, die den Heilsbringer gekreuzigt hat. Und immer noch kreuzigt. Hiroshima liegt unmittelbar neben Golgota. Getötete, Gefolterte vergegenwärtigen tausendfach, millionenfach den gefolterten und getöteten Nazarener. Es gibt einen «mondo cane»: schrecklich, grausam, abstossend! Und doch bellt der «mondo cane» nicht für immer umsonst nach Erlösung, nach Heilung. Wie der Gekreuzigte in seiner Agonie nicht vergeblich nach Gott schrie.

An Ostern ist Gott – scheinbar zu spät, aber darum nicht weniger wirksam – gekommen. Der Gekreuzigte wurde vom Tode auferweckt. Der Tod ist kein Definitivum mehr. Und damit ist auch das Hässliche, ist die Sünde und der «mondo cane» nichts Endgültiges mehr. Eine neue Zukunft hat begonnen: die Zukunft gerechtfertigter Sünder, geheilter Hässlichkeit.

Ein Modell christlicher Politik

Ansprache auf Martin Luther King anlässlich der Kundgebung im Schauspielhaus Zürich am 15. April 1968

«Liebet eure Feinde und bittet für die, die euch verfolgen.»

Meine Damen und Herren: Das ist das wohl radikalste Gebot Jesu Christi. Pragmatiker sagen: ein utopisches Gebot. Skeptiker sagen: ein Gebot, das allenfalls individualethisch, doch niemals sozialethisch und politisch praktikabel ist. Kritiker sagen: ein Gebot, an das sich die Kirchen selber nie hielten, haben sie doch im Bündnis mit den Gewalthabern immer wieder Gewaltanwendung gebilligt.

Martin Luther King sagte: Es ist das Gebot Jesu Christi. Und so ging er hin und machte gerade dieses Gebot zur Maxime seines politischen Handelns. Innerhalb der Christenheit war dieser Entschluss so neu, dass King bei keinen Modellen christlicher Politik anknüpfen konnte, sondern das ABC der gewaltlosen politischen Aktion beim Nichtchristen Gandhi erlernen musste, der freilich seinerseits vom Liebesgebot Jesu stark beeinflusst gewesen ist.

«Liebet eure Finde und bittet für die, die euch verfolgen.»

Nichts ist Unterdrückern lieber als ein Pfarrer, der den Unterdrückten Liebe gegen ihre Unterdrücker predigt und sie damit zum Verzicht auf ihre Rechte und Ansprüche bekehrt. «Ein Pfarrer nützt uns mehr als zehn Polizisten», sagte vor einigen Jahren ein Unternehmer in einem schweizerischen Industriedorf und spendete einen ansehnlichen Betrag für den Bau einer Kirche.

Martin Luther King liess dieses Spiel nicht mit sich spielen. Für ihn war eine Liebe, die nicht auf Gerechtigkeit und auf Befreiung der Unterdrückten drängt, ebenso christus- wie weltfremd. So wurde er, was hierzulande eher verpönt ist, ein politisch aktiver Pfarrer. Als solcher war er unter den Farbigen selber umstritten. Ihrer sozial arrivierten Schicht war er zu radikal und schien er zusehends radikaler zu werden. Den schwarzen Rassisten dagegen aus sozial deklassierten Schichten war er zu wenig radikal, denn er lehnte den schwarzen so gut wie den weissen Rassismus ab und glaubte nicht, dass Gewalt etwas anderes schafft als neue Unterdrückung. Darum hat er die jungen Leute der Bürgerrechtsbewegung systematisch daraufhin trainiert, Gewalttätigkeiten erleiden zu können, ohne zurückzuschlagen und ohne in ihrer Entschlossenheit irre zu werden. Ein Training, das körperlich härter und geistig anspruchsvoller ist als alles, was schweizerische Rekrutenschulen verlangen.

Hat King von den Unterdrückten zu viel verlangt? Er erzielte Erfolge, doch *der* Erfolg steht noch aus. Wie wird es jetzt weitergehen?

Wir sind nicht legitimiert, den Elenden und Unterdrückten Gewaltlosigkeit zu predigen. Wir selber sind ja Nutzniesser der technisch-wirtschaftlichen und so auch politischen Macht, gegen die sich die Elenden und Hungernden überall erheben, nicht nur in den farbigen Gettos nordamerikanischer Städte.

Die Elenden, die Hungernden: Das ist mehr als die Hälfte, das sind zwei Drittel der Menschheit, wir wissen es längst. Das ist die Welt der Farbigen. Sie verelendet immer noch mehr, während wir auf ihre Kosten immer noch reicher werden dank der fatalen Gesetzmässigkeit des technologischen Vorsprungs und kapitalistischer Handelsusanzen.

Wir in Europa und in der Schweiz sind uns noch kaum bewusst, dass auch wir profitieren von einem freilich schwer zu durchschauenden System globaler Ausbeutung und Unterdrückung. Einer, der unsere Komplizenschaft erkannt und auch formuliert hat, so sehr er in manchem ein utopisch Denkender ist, ist Rudi Dutschke. Mögen die Attentäter vielleicht Psychopathen sein; auch der Wahn hat seine geschichtlich-gesellschaftliche Logik. Es scheint mir deshalb kein Zufall zu sein, dass der Attentäter auf Dutschke erklärt hat, der Mord an Martin Luther King hätte ihn zum Attentat auf Dutschke inspiriert. Mögen beide Attentate zunächst auch innenpolitisch motiviert sein, so gehören sie doch in den Kontext jener Auseinandersetzung, die unsere Zukunft bestimmen wird, in den Kontext der Auseinandersetzung zwischen den reichen und den armen Völkern. Und vorerst sind Macht und Gewalt noch auf unserer Seite.

Gerade deshalb kann es nicht unsere Sache sein, den Armen Gewaltlosigkeit zu predigen. King konnte es. Wir nicht. Denn an uns ist es, selber Machtverzichte zu leisten. An uns Schweizern wäre es, von unsern Behörden eine Handels- und Zollpolitik zu fordern, die nicht mehr die Entwicklung der Entwicklungsländer hemmt statt fördert. An uns wäre es, unsern Wohlstand einzuschränken zugunsten der Hungernden. An uns wäre es, unsere Wirtschaftsstrukturen zu ändern und sie vermehrt den Bedürfnissen der Entwicklungsländer anzupassen.

Das sind, wird man sagen, irreale Forderungen. Das geht ans Portemonnaie, an den Lebensstandard jedes Einzelnen unter uns. Darum nennen wir solche Forderungen irreal.

Doch die Zeit drängt. Wir sind in unserem Réduit der Prosperität belagert von einer Welt des Elends, des Hungers, der elementaren Gegengewalt.

Für dieses Frühjahr plante Martin Luther King einen «Marsch der Armen» auf Washington, weil er erkannt hat, dass die Rassenfrage in erster Linie eine Klassenfrage, ein Problem ökonomischer Macht und Unterdrückung geworden ist.

Aber schon formiert sich ein universaler «Marsch der Armen» nicht auf Washington nur, sondern gegen die Minderheit jener Völker, die im Besitze der wirtschaftlich-technischen Machtmittel sind. Auch wir gehören zu ihnen.

Und dieser Marsch wird nicht mehr von Martin Luther King angeführt sein. Es wird wohl auch kein Marsch disziplinierter Gewaltlosigkeit sein. Der Gewalt der Unterdrückung droht die Gewalt der Unterdrückten zu antworten.

In dieser Situation gebietet uns die Vernunft – und King hätte gesagt: gebietet uns die Liebe Jesu Christi –, dass wir als Reiche unsern Reichtum, als Mächtige unsere Macht, als Privilegierte unsere Privilegien abbauen und deeskalieren. Auch wir Schweizer. Die Opfer und Verzichte werden von uns Besitzenden, nicht von den Habenichtsen gefordert.

Ob wir das verstehen werden, bevor es zu spät ist?

Sicher ist: Martin Luther King jetzt als den Propheten der Gewaltlosigkeit zu feiern und zu betrauern, ohne selber zu Macht- und Gewaltverzichten bereit zu sein, ist Heuchelei, für die sich der Tote bedanken würde.

King glaubte an Christus, in dem uns Gott, auf seine Macht und Gewalt verzichtend, ein Bruder geworden ist. Darum glaubte King, trotz allem, an die Zukunft der Brüderlichkeit. Er wusste, dass der Weg in diese Zukunft ein Opferweg, ein Passionsweg ist. Aber er pflegte zu sagen: «Auf jeden Karfreitag folgt Ostern.» Auch wenn es länger dauert als drei Tage.

Die sieben Worte am Kreuz

Lukas 23,34

Vater, vergib ihnen, denn sie wissen nicht, was sie tun.
Niemand weiss, was er tut.
Die Henker wussten es nicht, die ihn ans Kreuz genagelt haben.
Und auch ihre Hintermänner wussten es nicht.
Die Leute, die wieder die Todesstrafe einführen möchten,
    wissen es nicht.
Die Regierungen, die Kriege entfesseln, wissen es nicht.
Wir alle, die wir mit der Natur uns selber zerstören, wissen
    es nicht.
Auch dass wir einander gegenseitig töten mit dummen
    Vorurteilen und bösen Worten, wissen es nicht.
Was wissen wir überhaupt?
Eines Tages werden wir die Erde in einen toten Planeten
    verwandelt haben, auf dem sich kein Leben, keine Liebe
    mehr regt.
Kein einziger Mensch wird mehr sein, der beten könnte: Vater,
    vergib ihnen, denn sie wussten nicht, was sie taten.
Werden wir so zugrunde gehen: ohne Gebet und Vergebung?
Oder werden wir vorher erwachen?
Werden wir's doch noch lernen, zu wissen, was wir tun?
Oder ist er am Kreuz umsonst für die Welt gestorben?
Vater, gib, dass wir wissen, was wir tun.

Lukas 23,43

Wahrlich, ich sage dir, heute wirst du mit mir im Paradiese
    sein.
Nein, das hat er zu keinem Pfarrer oder Bischof, zu keinem
    Direktor oder Minister, das hat er zu einem Kriminellen

gesagt, der selber zugeben musste: «Ich empfange, was meine Taten wert sind.»

Vielleicht ist er auch ein Rebell gewesen gegen den römischen Imperialismus.

Man weiss das nicht so genau.

Man weiss allein, was einer der Gekreuzigten zum andern gesagt hat: «Wahrlich, ich sage dir, heute wirst du mit mir im Paradiese sein.»

«Paradise Now», das Paradies jetzt für einen Gehängten!

Und Jesus in schlechter Gesellschaft sogar im Reiche der göttlichen Schönheit!

Und falls er wiederkäme, wie manche sagen, dann ist ihm zuzutrauen, dass er nicht von Kirchenpräsidenten und Prälaten im vollen Ornat begleitet wird, sondern von Galgenstricken und Galgenvögeln von der Art jenes Kollegen am Kreuz.

Mit Typen, die man kennt aus dem Polizeiregister oder dem *Aktenzeichen XY*.

Nein danke. Bei «Paradies» denke ich lieber an meine Villa am Mittelmeer, die nicht umsonst «il paradiso» heisst, ein sonniger Schlaraffenwinkel mit automatischer Alarm-anlage, das ist nötig, jetzt wo die Kriminalität so zunimmt.

Kriminelle gehören ins Kittchen, nicht ins Paradies. Sie sehen schon jetzt, die weiche Welle macht alles nur schlimmer, Jesus hin oder her.

So denken wir, die wir nicht gekreuzigt werden.

Er, der Gekreuzigte, dachte da offenbar anders.

Matthäus 27,46

Jesus aber schrie laut auf: Mein Gott, mein Gott, warum hast du mich verlassen?

Da betet einer am Galgen ein Gebet, das er auswendig kennt, das Gebet des 22. Psalms.

Ein Psalm, der sehr zuversichtlich aufhört, mit Gottes Hilfe
und Gottes Sieg.
Doch der Atem, die Kraft des Gehängten reichen nur knapp
für den ersten Satz, den er keuchend ausstösst: Mein Gott,
mein Gott, warum hast du mich verlassen?
Schrei des Menschen, der im Stich gelassen ist.
Schrei der Gefolterten vorher, nachher.
Schrei derer, die von Christen gequält, getötet worden sind.
Schrei der Ketzer und Hexen, die man verbrannt hat.
Schrei der Juden, die vergast worden sind.
Schrei der Gefolterten in Vietnam, in Chile.
Schrei der Angst, dass alles sinnlos war, sinnlos wird.
O gewiss, auch andernorts werden Menschen gequält,
gehängt, getötet!
Es sind nicht nur Christen, die das tun.
Aber dass Christen es tun, ist doppelt heillos, weil Christus
selbst ein Hingerichteter war.
Nein, Gott hat den Mann von Golgota nicht verlassen.
An Ostern hat er ihm recht und neues Leben gegeben.
Vielleicht aber hat Gott uns Christen verlassen?
Vielleicht hat er genug von all der Gewalt, von Tod und
Vernichtung, die vom Christentum ausgegangen sind –
von einem Christentum, das vergessen hat, dass Christus
ein Opfer der Gewalt war?
Mein Gott, mein Gott, hast du DARUM uns Christen verlassen?

Johannes 19,26-27

Als Jesus die Mutter sah und neben ihr den Jünger, den er lieb
hatte, sagte er zur Mutter: Frau, siehe dein Sohn! Hierauf
sagte er zum Jünger: Siehe, deine Mutter!
Der Mensch ist des Menschen Arznei.
Der Mensch ist des Menschen Trost.
Eine Mutter verliert den Sohn und findet einen neuen, der
offenbar seinerseits eine Mutter braucht.

Nicht, dass ein Sohn ersetzbar wäre.

Kein Mensch ist ersetzbar.

Aber es gibt keinen anderen Trost als neue Liebe, neue
Solidarität.

Wenn man jemanden aufgeben muss, helfen nur neue
Aufgaben.

Wenn die Kälte einbricht, hilft nur neue Wärme.

Wenn der Tod einen Sieg errungen hat, soll das erst recht
unsere Zärtlichkeit für das Leben wecken.

Wir Menschen sind nur so lange lebendig, wie wir uns
miteinander gegen den Tod verschwören.

Selbst in seinem Sterben hat Jesus das gewusst.

Wie viel mehr sollten wir das erkennen.

Einem Mann ist die Frau gestorben. Ziemlich hilflos steht er da.

Eine andere alleinstehende Frau nimmt sich seiner an, hilft
ihm im Haushalt, geht mit ihm spazieren.

Die ach so moralischen Christen im Dorf sind empört,
tuscheln, tadeln, verurteilen: Das gehört sich nicht, so kurz
nach dem Tod der Frau schon eine andere im Haus.

Warum wachen so manche Christen so fleissig über die Moral
der andern?

Christus hat sich nicht um Moral, er hat sich um Menschen
gesorgt.

Johannes 19,28

Da Jesus wusste, dass nunmehr alles vollbracht war, sagte er
weiter, damit die Schrift vollständig erfüllt würde: Mich
dürstet.

So können nur Theologen schreiben.

Auch der Evangelist Johannes war schon ein Theologe.

Mich schockiert, dass er dem Gekreuzigten unterstellt, er habe
nicht eigentlich als Dürstender gesagt «Mich dürstet»,
sondern «damit die Schrift vollständig erfüllt würde».

Als wäre die Kreuzigung ein Passionsspiel gewesen, als
　　wäre es nur darauf angekommen, irgendwelche
　　Regieanweisungen genau zu befolgen!
Ich finde das abgeschmackt, weil damit auch unterstellt wird,
　　Jesus habe nicht wirklich gelitten, nicht wirklich gedürstet,
　　er habe nur so getan, als ob.
Ich halte das für verhängnisvoll, weil damit die Leiden
　　heutiger Menschen, die gefoltert und getötet werden,
　　ebenfalls verharmlost werden.
Es ist das Elend der Theologie, dass sie um grosser Zusammen-
　　hänge willen stets wieder die täglichen Kreuzigungen, die
　　täglichen Unrechte und Gewalttaten verharmlost oder
　　übersieht.
Es ist das Elend der Christen, dass sie immer wieder für
　　Gewalt plädieren und mit den Gewalthabern kollaborieren.
Wir vergessen so leicht, dass am Kreuz ein Gequälter,
　　Verblutender, von der Sonne Ausgebrannter gemurmelt hat
　　«Mich dürstet».
Davor verblassen theologische Konstruktionen und Schwierig-
　　keiten, wie etwa die, ob es erlaubt sei, dass Christen
　　verschiedener Konfession miteinander das Abendmahl feiern.
Alles ist erlaubt, was Liebe ermöglicht und Freundschaft stiftet.
Alles ist erlaubt, was Gewalt abbaut und dem Töten
　　zuvorkommt.

Lukas 23,46

Und Jesus rief mit lauter Stimme und sprach: Vater, in deine
　　Hände befehle ich meinen Geist.
Wenn Menschenhände töten,
bleiben Gottes Hände,
die alles können, nur nicht töten.
Jeder Finger ist Leben, schafft Leben.
Und Gottes Hände haben mehr Finger als Sterne sind
　　am Himmel,

haben mehr Finger als Menschen sind auf der Welt.
Es sind Finger, Hände, die zugreifen, arbeiten, schaffen, die
    zärtlich und behutsam sein können.
Es sind die entdeckenden Hände des Kindes,
die liebkosenden Hände von Frauen,
die freundlichen Hände von Männern.
Es sind die rauen Hände von Bauern,
die schwarzen Hände der Kumpels,
die zerstochenen Hände von Näherinnen.
Alles sind diese Hände,
alles können diese Hände –
nur nicht töten.
Aus Nichts erschaffen sie, was ist,
aus Tod formen sie Leben,
den Hass verwandeln sie in Liebe.
Diesen Händen vertraut der Sterbende sein Leben, seinen
    Tod an.
Diese Hände möchten die Hände von uns Lebenden werden.
Neue Hände, die nicht töten können.
Neue Hände, die freundlich sind zu allem, was lebt.
Neue Hände, die wir einander entgegenstrecken, damit
    Friede sei.
Gottes Hände möchten auch Menschenhände werden.
Hände, denen wir uns furchtlos anvertrauen können.

Johannes 19,30

Als Jesus nun den Essig genommen hatte, sprach er: Es ist
    vollbracht. Und senkte das Haupt und gab den Geist auf.
Es ist vollbracht.
Die Qual ist durchgestanden.
Die stundenlange Folter am Kreuz hat ein Ende.
Er ist von seinen Leiden erlöst.
Aber die Erlösung der Menschen ist damit nicht vollbracht.
Noch lange nicht.

Darum will Gott ihm auch im Grab nicht Ruhe lassen.
Auf seinem Grabstein steht kein «Ruhe in Frieden».
Nach drei Tagen schon wird die Ruhe gestört,
wird er zurückgeholt in die Unruhe der Welt.
Seine Jünger brauchen ihn.
Die Menschen brauchen ihn.
Und Er braucht die Jünger, die Menschen, damit sein Wort,
    sein Werk weitergehen kann.
In diesem Unternehmen ist an Aufträgen kein Mangel.
Das Werk ist noch lange nicht vollbracht.
Keine Rezession, keine Arbeitslosigkeit.
Es ist noch viel zu tun, bis es vollbracht sein wird.

Prosa

Deine Predigt, Pastor, macht uns
zu schaffen

Der Fürst

Wenn ich mich recht erinnere – nur erinnert man selten, ohne dass wie von selbst Erfindung mit unterläuft – wenn ich mich recht erinnere, bemerkte ich den Fremden erst, als anstelle der vorher zahlreichen Predigtgemeinde nur noch verstreut in den Bankreihen sitzende, dadurch erkennbar gewordene Einzelpersonen zum Abendmahl zurückgeblieben waren, jede auf ihre eigene Weise geöffnet oder in sich gekehrt.

Mit gelassener Grandezza sass er in der vordersten Bank, im langen, blauschwarzen Überwurf südländischen Schnitts; ein fürstlicher Überwurf sozusagen. Oder fürstlich der, der ihn trug? Um genau zu sein: Noch ehe mir der Überwurf auffiel, fühlte ich seinen Blick, nicht zudringlich etwa, nicht unangenehm. Zwei dunkle Augen, aufmerksam, doch ohne hypnotischen Zwang. Ein bartloses Gesicht, das wirkte, als wäre es schön geschnitten. Langes, schwarzes Haar. Ich assoziierte, zu Recht oder Unrecht: Renaissancekopf. Leicht zurückgelehnt sass er da, die Beine nicht ohne Grazie übereinandergeschlagen. So folgte er meinen Worten, den Bewegungen meiner Hände, die die vorgeschnittenen Stangen des Brotes zerbrachen, die Brocken verteilten, wie immer.

Allein in der vordersten Bank sitzend, hätte er als Erster zum Abendmahlstisch kommen können, war jedoch sitzen geblieben, ohne dem einladenden Kopfnicken des Abendmahlshelfers Beachtung zu schenken, sodass dieser zur zweiten Bank, hinter ihm, trat, worauf sich die Leute dort erhoben, aus der Bankreihe in den Mittelgang traten, um durch ihn an den Tisch hervorzukommen.

Warum mochte der Fremde wohl hier sein, wenn er nicht herzutreten wollte, um wie die andern Brot und Wein zu empfangen? Hätte er sich bloss ansehen wollen, wie wir hier das Abendmahl zu begehen pflegen, würde er sich, so überlegte ich rasch, doch kaum zuvorderst hingesetzt haben. Sollte er also etwas im Schilde führen? Plötzlich aufstehen vielleicht, um mit souveräner Geste unser Abendmahl zu entlarven? Alles wickelte sich zwar so gemessen, so feierlich-friedlich ab wie immer. Vielleicht aber glaubte er, gerade dieses WIE IMMER durchschaut zu haben: ein Fanatiker des Absoluten, der die glanzlose Selbstverständlichkeit, mit der wir rituell agierten und konsumierten, festlich zu sprengen gedachte. Wäre ich fähig gewesen, ihm mit entschiedenen, kurzen Worten entgegenzutreten? In solchen Situationen taugen differenzierte Argumente, man weiss es, nur wenig. Sah ich flüchtig wieder zu ihm hin, so verriet seine Haltung allerdings keinerlei Drohung. Gesammelt sass er, wenn auch entspannt. Ein Fremder, in den man sich nicht einfühlen kann, erst recht nicht, weil er ohne die übliche Befangenheit Fremder zu sein schien. Im Gegenteil, er strahlte Souveränität aus. Möglicherweise verstand er kein Deutsch, hatte nichts von allem begriffen, was gesagt worden war, versuchte dafür, sich Gesten und Dinge desto genauer einzuprägen: Becher, Brot, Austeilung. Und schien dabei so fasziniert, als wäre er unverhofft Zeuge des ersten Abendmahles geworden.

Die letzten Leute waren zum Tisch getreten, assen ihr Brot, verteilten sich nach links, nach rechts, um von einem der Kirchengemeinderäte den Becher zu nehmen, zu trinken. Sonnenlicht fiel schräg durch die Fensterscheiben, füllte die vorher dämmrige Kirche mit Glanz. Ich nahm's als Zeichen, dass auch dieses Mal alles wie immer – gesegnet sei dieses WIE IMMER! – ungestört zum Abschluss kommen würde.

Alle waren in ihre Bänke zurückgekehrt. Ich legte die angebrochene Brotstange zu den andern, nicht mehr gebrauchten, zurück. Da. Auf einmal erhob er sich. Ich erschrak. Er kam vor den Tisch, blieb stehen, breitete die Arme fast waagrecht aus, vielleicht, um seinen Überwurf in den Rücken zu drängen, ich weiss nicht. Hinterher denke ich: ein theatralischer Auftritt! Die Arme ausgebreitet stand er lächelnd vor mir, ein Fürst. Ich nahm wiederum eine Brotstange auf, brach ein Stück ab, reichte es ihm. Er senkte die Arme, empfing das Brot in beide

Hände, hob den Bissen zum Mund, ass ruhig, ass eine Ewigkeit lang. Dann, statt seitwärts zu einem der Kelchhalter zu gehen, streckte er mir beide Hände geöffnet von Neuem hin. Ich hatte das Brot schon zurückgelegt, blickte ratlos. Mein Kopf muss sich bewegt und in Richtung Kelchhalter rechts gezeigt haben. Umsonst. Lächelnd blieb er stehen, machte mit den wartenden, offenen Händen seinerseits eine Bewegung, deren Sinn ich nicht begriff, sodass er leise sagte: Noch mehr! Alles!

Ich fühlte die Blicke der Leute, die aufmerksam geworden waren. Nicht im Geringsten verlegen oder unterwürfig, vielmehr mit höflicher Nachsicht sagte er jetzt: Ich habe Hunger.

Begann ich zu begreifen? Ich weiss es nicht mehr. Nicht hier, stammelte ich, nachher!

Er zögerte, sodass ich schon entsetzt zu überlegen begann: er kann doch nicht stehen bleiben und hier, vor versammelter Gemeinde, alles Brot – es war noch reichlich vorhanden – aufessen oder sich einfach in die Taschen stopfen wollen! Wie er so vor mir stand, bemerkte ich nun auch, dass sein Überwurf franste, die Kleidung abgewetzt und das Gesicht viel älter war als ich vorher gedacht hatte. Die Haltung freilich blieb unverändert die eines Fürsten, souverän und verwirrend. Ich spürte, dass mich die Seitenblicke der Kelchhalter befragten, ob sie noch bleiben oder die Becher auf den Tisch zurückstellen sollten.

Nachher! bat ich den Fürsten noch einmal.

Er lächelte. Und bekreuzigte sich unvermittelt. Dann ging er zum Kelchhalter rechts, ergriff den Becher und trank ihn entschlossen, ohne nur einmal abzusetzen, leer, man sah es genau. Danach bekreuzigte er sich ein zweites Mal. Die Gemeinde, so schien mir, hielt den Atem an. Gleichmütig schritt er zur ersten Bank zurück.

Nachher, im Vorraum der Kirche, als sich die Leute verlaufen hatten, gab ihm der Sigrist das übrig gebliebene Brot, in ein Papier gewickelt, dazu eine fast noch volle Flasche Abendmahlswein. Der Fürst liess sich weiter in kein Gespräch ein. Er nahm das Brot, die Flasche, steckte sie in die Seitentaschen des Überwurfes, dankte freundlich und ging.

Bruder der Nacht

Hat die Schwester «Gut Nacht» gewünscht? Umgehend vergess'
ich jetzt oft, was eben noch war. Jeden Abend sagt jede Schwester
in jedem Spital «Gut Nacht». Ist wohl Pflicht, wenn nicht Vor-
schrift. Unvorstellbar weit zurück die Nächte ohne Schmerzen
und Angst, ohne Schreie, Aufschreie, in mich hineingepresst. Im
Moment zwitscherts, als nisteten Vögel im Gehör. Oder im Kopf.
Vögel der Stille, des Abends. Hörst du sie auch? Vögel, die nur
zwitschern, nie fliegen. Nein, du wirst sie kaum hören können.
Du, ein Toter. Hast noch immer einen kleinen Vorsprung, aber
langsam schmilzt er zusammen, ich hole auf.

Trauriger, erwartest du mich?

In der ersten Zeit hingst du überm Kopfende des Bettes. Ob
man dir da noch Heilwirkung zugetraut hat? Auch Psychiater
setzen sich ans Kopfende der Couch, schauen auf ihre Patien-
ten herab. Wie Alex. Aber Alex ist abgestürzt, kurz vor unserer
Heirat. Auch ihn hole ich ein, den Psychiatrieassistenten, vor
siebenundzwanzig Jahren am Schreckhorn zu Tode gestürzt.
Jetzt stürze ich nach, in Zeitlupe.

Das schöne Schreckhorn.

Und du jetzt, Bruder im Sturz, im Schrecken.

Eines Tages – oder wars ein Abend? – hat Schwester Cäci-
lie, resolut wie sie ist, dich ausgewechselt mit der Schnee- und
Rabenlandschaft an der Gegenwand: Damit Sie Ihren Schmerz-
verwandten vor Augen haben können, Frau Häusermann.
Möglicherweise tut sie das immer, sobald ein Fall aussichtslos
geworden ist. Frommer Trick, katholisch halt.

Du, der Mann für aussichtslose Fälle. Fängst meine Blicke
auf mit deinem mageren Körper, schön mager, schön jung, wie
der von Alex. Hast du ebenfalls braune Augen?

Was man vergisst, was nicht.

Drei Besucherinnen heute (aufzählen, festhalten, Gedächt-
nistraining, wenn auch allmählich sinnlos): Lisa, die jüngere

Schwester, bluts-, aber nicht schmerzverwandt; Frau Kohler aus dem Parterre, die sich um meine Wohnung kümmert, mir die Post bringt; nach Büroschluss Gret, die Freundin. Wie immer hatte Frau Kohler Grüsse ihres Mannes gebracht, den, so seufzt sie jedesmal, keine zehn Rosse in ein Spital zu bringen vermöchten. Das starke Geschlecht! Alex war stark, aber trotzdem mutig. Und Gret, die liebe, glaubte zunächst, dass sie mich beim Nachtessen störe. Hab' aber keinen Appetit, auch keinen Geschmack mehr, der Gaumen wie Löschpapier, ekelhaft. Und immer Durst, nur Durst! Oft Angst, elend ersticken zu müssen. Wie lange dauerts, bis man erstickt ist? Hast nicht auch du gejammert: Mich dürstet? Noch ekelt sich Gret nicht vor mir, zeigt es jedenfalls nicht. Weisst du, wir haben einander geliebt, wenn du es wissen willst und verstehen kannst.

Du, mit dem Vorsprung noch.

Und der alte Giger! Hat eines Tages die Nahrungsaufnahme verweigert, riss die Schläuche wieder weg, bis man ihm seinen Willen liess. Friedlich sei er verhungert. Warum nur habe ich nicht mehr Kraft genug, um wie er meinen Tod in die eigenen Hände zu nehmen? Demnächst wird man mich ebenfalls künstlich ernähren müssen, wird mir freundlich zureden, wird spüren, dass ich mich nicht zu wehren vermag, dass ich schliesslich zulasse, was ich lieber ablehnen möchte. Was soll ich tun, sag?! Du hast dich doch auch geweigert, noch etwas zu dir zu nehmen. Als Gret mich umarmte und ging, hatte sie Tränen in den Augen. Kaum war sie draussen, heulte auch ich oder was heulen noch heissen kann, bin ja ausgetrocknet, Löschpapier, kaum Tränen noch.

–

Wo war ich eben?

Weg – eine Minute? Eine Viertelstunde?

Wie immer hat die Schwester Schlaftabletten hingelegt. Noch ist der Vorrat zu klein. Wenn ich langsam durchzudrehen beginne, schlucke ich sie oft eben doch, um für ein paar

Stunden vergessen zu können. Wirst du mir heute helfen zu widerstehen?

Du jetzt immer.

Schwester Cäcilie glaubt fest an dich. Sie ist überzeuge, dass du hilfst. Ich weiss nicht. Meine Hilfe hiess Alex und jetzt, in den letzten Jahren, Gret. Warum, ach, muss ich sie so traurig machen? Sind wir zu glücklich gewesen miteinander? In ihren Armen konnte ich alles vergessen.

Vorbei, vorbei.

Ob ich, falls der Vorrat einmal ausreichen würde, genug Mut aufbrächte? Du wirst wissen, wozu. Und bist, sagt man, dagegen. Oder würdest du vielleicht trotzdem helfen? Dein Fall ist ja auch anders gewesen, leichter: Kerngesund, dann zwei, drei Stunden Agonie. Kein Krebs hat dich langsam durchwuchert, keine Metastasen, Bestrahlungen, Chemotherapien.

Ich ein Fall, du ein anderer.

Zuletzt sind wir nichts als Fälle. Und jeder fällt auf seine eigene einsame Weise.

Hingerichtet, aufgehängt – brutal auch das, kanns dir nachfühlen, werde ja ebenfalls hingerichtet, nur zieht sich das über Monate hin. Und die Henker sind von beklemmender Freundlichkeit, selbst wenn ich unter ihren Folterungen meine Haltung, meine letzte Scham verliere. Mitten in der Hölle das Spiel von Freundlichkeit, Mitgefühl, und die Erwartung, dass ich mitspiele. Verstehst du, was ich meine? Ich rede mit dir, weil niemand sonst da ist, mit dem ich reden könnte. Und auch, wenn jemand da wäre, weiss ich nicht, ob ich so mit ihm reden wollte. Du aber! Deine Traurigkeit, die mir gut tut.

Bruder der Nacht.

Mir redets, redets. Möglich, dass du mich gar nicht hörst. Oder vielleicht doch? Mit deinem mageren jungen Körper, wehrlos und immer geöffnet wie ein Ohr? Mein Körper dagegen verfault, seine schönen Begierden sind tot. Ich schäme mich, rieche die Fäulnis unter den Decken. O Gret, o Gret, warum musst du das noch erleben mit mir! Vor einem Jahr, auf Sardinien, schwammen wir weit hinaus ins grüne Meer, sonnten uns nackt im Sand. Und jetzt das, jetzt das. Komme mir vor wie verwesendes Aas. Hoffentlich, Bruder, hörst du mich nur, musst meinen Gestank aber nicht einatmen. Gelt, mein Fleisch wird nie auferstehen müssen? Erlöschen will ich, hörst du! Erlöschen, danach verbrennen bis auf ein windleichtes Häufchen Asche.

Schritte im Gang – wie deutlich man sie in der nächtlichen Stille jetzt hört.

Vorüber. Wir bleiben ungestört.

Das Licht lass' ich brennen, möglichst lang. Schlaflos im Dunkeln würde ich plötzlich doch nach den Tabletten greifen, wenn ein Ansturm kommt. So aber kann meine letzte Freiheit, der heimliche Vorrat, nicht wachsen.

Hast du etwas gesagt?

Warum sagst du nichts?

Licht brauche ich auch, damit die Augen sich festhalten können an dir, sobald im Rücken, im Kreuz und links von der Hüfte ins Bein hinunter die Schmerzen mich wieder zersägen, durchbohren, als würden mir ebenfalls Nägel durch zuckende Nerven getrieben.

Schmerzensmann, so jung schon gestorben. Ich durfte länger leben als du, der mein Sohn sein könnte. Soll ich deswegen dankbar sein? Trotz allem, mahnt Schwester Cäcilie, soll man dankbar bleiben. Warum aber kann der Tod nicht ebenso schön sein wie vorher das Leben? Dann wäre ich mit dem Sterben noch mehr einverstanden.

Ich und du, das ungleiche Paar.

Du starbst im Kampf für dein Volk, deinen Gott. Ich erlösche bloss, wie alles Leben eines Tages erlischt, für die einen früher, für andere später, für mich nun früher, weiss nicht warum, auch du weisst es nicht, hängst ratlos nur da, bleibst wenigstens aber da, wenn alle sich verzogen haben.

Mein Sohn du, hilflos und stumm, wie Söhne wohl oft. Mit Alex, weisst du, hätte ich gern einen Sohn gehabt. Dann aber hat mich die Arbeit im Museum, die Begegnung mit Gret verändert, auf unerwartete Weise beglückt. Missbilligst du das? Dann wenigstens lass es nicht Gret entgelten!

Aber möglicherweise tu ich dir unrecht, ich kenn' dich ja kaum. Unter Erlösung, weisst du, hab' ich mir nie sehr viel vorstellen können, vermag es auch jetzt nicht, oder doch, aber so: Morphium, genügend Tabletten, um weich, ganz weich zu versinken, entspannt, befreit für immer, ein wenig wie in den Armen einst von Alex, dann von Gret, wenn alles sich auflöst in Lust und Nirwana. Hast du das auch erleben dürfen?

–

Was ist?

War ich eingenickt?

Sag ja! Sag, dass ich eingenickt bin, dass es nicht bloss nur eine Absenz war, eine momentane Leere im Kopf. Alte hohe Bäume leuchteten vor vergoldetem Abendhimmel, festliche Menschen flanierten über sattgrünen Rasen, eng umschlungen ging ich mit Gret – und alles genau dort, wo du hängst, als wäre dein toter Körper zu einem weit geöffnetem Fenster geworden.

Du mit den geschlossenen Augen.

Schläfst mir, träumst mir voran.

Du, ausgestellt schon immer, schon damals, als dein Verenden begafft und verhöhnt wurde. Auch jetzt hängst du da, in Kirchen, Spitalzimmern, Wohnstuben. Ein Toter als Wandschmuck, als Blickfang. Nie habe ich mich um dich gekümmert, Lebendiges war mir lieber als Totes. Aber jetzt, aber jetzt ...

O Gott, o nein! Halt mich fest, du, ganz fest, sonst brüll' ich noch auf wie ein Tier!

–

Danke.

Und Dank auch, dass du, zum Glück kein Voyeur, immerzu auf den Fussboden starrst, auch wenn ich Haltung und Scham verliere. Zartgefühl eines Toten für eine Sterbende. Und selbst, wenn ich wie ein Tier brüllen möchte – ich bin zu schwach dazu. Dein Erbarmen, mein Erbarmen, erbärmlich wir beide. Aber noch hat meine Hand nicht nach den Tabletten gelangt.

Unerbittlich hat mein Leben sich reduziert. Zuerst musste ich mich damit abfinden, dass ich mein Büro im Museum nie mehr sehen werde, jetzt arbeitet Sabine dort; ich hoffe, sie findet sich tatsächlich zurecht und sagts nicht bloss, um mich zu beruhigen. Und dann brachte man mir schonend bei, dass ich dieses Zimmerchen nie mehr werde verlassen, meine Wohnung nie wieder werde betreten können, dabei wäre noch so viel in Ordnung zu bringen und aufzuräumen gewesen. Restwelt, Restleben, Gefangenschaft in der weissnüchternen Sterbezelle. Nur in Träumen komme ich an Orte, wo ich einmal war oder noch hinreisen wollte, manchmal bin ich dabei gesund, manchmal schon krank. Im Zuge jüngst, der durch einen langen Tunnel raste, gab eine Krankenschwester mir eine Spritze in den Arm, später wurde ich im Bett durch ein Gebirgsdorf gerollt, durch Kandersteg vielleicht, rundum hohe Felsen jedenfalls, aus einem Chalet kam Alex, den Lederrucksack am Rücken, und winkte.

Bist auch du noch gereist, damals? Nach Hause vielleicht, nach Nazaret? Oder an den Nil deiner Kinderzeit?

Das Menschengewimmel – der Staub von Kairo ist mir unvergesslich. Plötzlich aber fragte ich mich: Was wollen, was tun wir hier eigentlich? Gret gings ähnlich.

Ich, Touristin einst.

Du, der Himmelssohn.

O nein, doch nicht schon wieder! Hör auf, lass ab! Einem neuen Ansturm bin ich nicht, jetzt noch nicht gewachsen – NOCH NICHT, hörst du?

–

Danke.

So gehts. Geht wieder.

Der du Stürme stillst, Kranke heilst.

Mein Gott, wie vieles jetzt aufsteigt aus der Kinderlehre, der Unterweisung. Bald werde ich, die nie mehr zur Kirche ging, auch noch beten. Bin fast schon da, wo Schwester Cäcilie wohl hinwollte mit mir.

Unbegreiflicher, was tue ich eigentlich? Meine Gedanken reden mit dir. Warum, o Mann, reagiert dein Alex-Körper nicht, so mager, so schön doch? Wartest du ab? Dein Kopf, zur Seite geneigt, die niedergeschlagenen Augen: Beichtvater, duldend, geduldig. Bin aber nicht katholisch.

Und überhaupt, dein furchtbarer Ernst hat mich immer erschreckt, dein Kreuz, brutal und starr.

Weisst du, ich liebte, was lebendig und rund ist, lebte im Augenblick, flatterte von einem Moment zum andern, Eintagsfliege, Flatterweib, immer ganz Gegenwart, aber wenig Tiefgang. Ideal für einen Psychiater, hat Alex mich geneckt.

Jetzt aber.

Und du, beladen mit dem Elend der Welt.

Muss ich vielleicht jetzt büssen für mein Glück, meine Leichtlebigkeit?

Du und die Büsserin.

Salbte deine Füsse, trocknete sie mit knisterndem wallendem Haar.

Mir stand kurzgeschnittenes Haar besser, schon als Mädchen. Jetzt fällts aus, büschelweise oft, ein greulicher Anblick, ich sehe das stumme Entsetzen in den Augen meiner Besucher, Augen sind ehrlicher als Worte. Auch du schaust mich nicht an, träumst wohl den weichen Haaren, den Liebesseufzern der Büsserin nach.

Kein Vorwurf, nein!

Träum nur weiter von ihr, die deine Füsse, vielleicht deinen Körper, im Körper deine Seele liebkoste, wie Gret – sie hat ebenfalls volle duftende Haare – es so gerne mit mir tat, bis wir uns in zärtlichen Delirien vergassen. Damals war meine Welt noch rund. Jetzt ist alles kantig, hart, feindselig geworden wie dein Kreuz. Und du, Wehrloser, musst hier eine Patientin nach der andern liegen sehen, zerstört und in Agonie. Bist du dazu auferweckt und verewigt worden? O wie gut ich deine unendliche Trauer verstehe! Lass deine Augen ruhig gesenkt,

Liebster! Welche Zumutung auch, dich stets nur dasselbe sehen zu lassen, diesen letzten traurigen Akt wimmernder Kreaturen, denen die Haare ausfallen, die widerlich nach Fäulnis stinken, nach Tod!

Ach, wie könnte ich dich nur trösten?

Aber du weisst, ich kann nicht, nichts mehr kann ich. Zum Trösten müsste ich dich mit den Händen berühren, müsste dich streicheln können. Einen anderen Trost kenne ich nicht. Doch jetzt sind selbst die Augen zu müde geworden, um noch streicheln zu können, bin zu schwach dazu, ach Liebster, mit dem ich den Kelch bis zur Neige.

Du hängst, ich liege, ein verzweifeltes Paar.

Einst war ich glücklich, wo warst du da?

Bruder im Unglück, willst du noch immer nichts sagen?

Mir sagen, was ich nicht weiss?

Lebte dahin und wusste nichts. Jetzt will ich erlöschen, will nichts mehr sein, nur Luft, nur Licht.

Du vielleicht auch?

Bleibst du deshalb stumm?

Pst, jemand kommt, die Nachtschwester wohl.

Keine Ostern wie immer

Bleich sei Pastor Andersson an jenem Karfreitag oben auf der Kanzel gestanden. Wenn ich recht hörte, muss es ein Karfreitag zur Zeit des Ersten Weltkriegs gewesen sein. Von der Kreuzigung Jesu habe der Pastor gesprochen, dann aber von Gottes Niederlagen überhaupt. Auf Golgota, in der Geschichte der Völker, der Menschen und auch in seinem, des Pastors eigenem Leben ebenso wie im Leben der Gemeindeglieder: Niederlagen, nichts als Niederlagen Gottes! Fortzu brächten wir, die Menschen, Gott Niederlagen bei. Ich fürchte, habe der Pastor fast tonlos in seinen grauen Bart gemurmelt, sodass es nur in den vordersten Bankreihen noch knapp hörbar gewesen sei und auch da bloss für ein feines Gehör. Ich fürchte, habe er gesagt, dann aber doch nicht auszusprechen gewagt, *was* er fürchtete. Stattdessen habe er unvermittelt angekündigt, an Ostern werde diesmal kein Gottesdienst stattfinden. Man möge ihm bitte verzeihen, doch er sei nicht imstande, das Osterevangelium zu verkünden. Er glaube an keinen Sieg, an keine Auferstehung mehr. Die Zeit sei gekommen, endlich aufrichtig zu sein, getreu Jesu Wort: Selig sind die Aufrichtigen! Und diese Aufrichtigkeit gebiete ihm, die Augen nicht mehr länger vor Gottes offenkundiger Niederlage zu verschliessen und sich der bitteren Einsicht zu stellen, dass Gott an uns Menschen gescheitert sei. Kein Ostergottesdienst deshalb, auch kein österliches Glockengeläute – er bitte um Verständnis und Nachdenklichkeit. Ohne Gebet, doch immerhin mit einem Segen habe der Pastor die Gemeinde entlassen. Bedrückt und wie vor den Kopf geschlagen seien die Dorfleute aus der Kirche gegangen. Später, an den Mittagstischen, sei von nichts anderem gesprochen worden als von Pastor Anderssons Predigt und seiner Absage des Ostergottesdienstes. Da und dort habe man sich auch gefragt, ob der Pastor vielleicht krank und nicht mehr ganz richtig im Kopf sei seit dem Tod seiner Frau vor anderthalb Jahren.

Und so kam der Ostertag. Ohne Glockengeläute, ohne Gottesdienst. Der Westwind, wollen einige wissen, habe leichte Wolken über den Himmel getrieben. Im Dorf aber sei es still geblieben. Erst nachmittags hätten sich Kinder auf der Dorfstrasse gezeigt. Und schliesslich dann, schon gegen Abend, die hinkende Stine, die Frau des Schreiners Bergerup. So rasch, wie ihr Hinkegang dies erlaubte, sei sie zum Haus schräg hinter der kleinen Kirche gegangen.

Deine Predigt, Pastor, macht uns zu schaffen, habe sie ohne Umschweife zu reden begonnen. Leider hast du recht, wir können dir nicht widersprechen: Wo Menschen sind, zieht Gott den Kürzeren. Unsere Herzen, unsere Häuser sind Stätten seiner immerwährenden Niederlage. Das ist schlimm genug. Warum hast du Gott nun auch noch eine weitere Niederlage zufügen müssen, unnötigerweise, wie mir scheint?

Ist es denn nicht Zeit, endlich aufrichtig zu werden? habe der Pastor sich gewehrt.

Es ist Zeit, du hast recht, sei Stines Antwort gewesen. Warum aber willst du dem geschlagenen, wohl auch niedergeschlagenen Gott gerade an Ostern nun sogar das Letzte nehmen, was er noch Gutes von uns empfängt, was ihn, wer weiss, vielleicht auch ein bisschen zu trösten vermöchte – unsere Lieder, unsere Gebete nämlich? Höre also, was ich tun werde: Ich gehe jetzt in die Kirche, ich werde das Glockenseil ziehen. Auf das Glockengeläute hin werden, denke ich, einige Leute kommen, und sei es auch bloss aus Neugier. Zusammen aber werden wir einen Choral singen, werden ein Gebet sprechen. Dieser Ostertag darf und soll nicht sang- und klanglos vorübergehen.

Der Pastor, im Gesicht noch grauer geworden, habe gerufen, in wohl heiligem Ingrimm: Lieder? Gebete? Stine, was soll das? Ihr Heuchler, tut hinweg von mir das Geplärr eurer Lieder! So sprach der Herr zum Propheten Amos.

Stine jedoch habe sich nicht beirren lassen und ausgeführt, was sie sich in den Kopf gesetzt hatte. Auf ihr Läuten hin sei nahezu das ganze Dorf in die Kirche geströmt. Auch der Lehrer sei dagewesen und habe sich ans Harmonium gesetzt. Nachdem sie beide Altarkerzen entzündet hatte, habe Stine die Gemeinde begrüsst und einen Choral vorgeschlagen. Machtvoll wie sonst nie, ja fast trotzig sei der Gesang gewesen. Hernach habe Stine das Vaterunser zu sprechen begonnen, und alle seien eingefallen, hätten mitgebetet. Nach einer kurzen Stille, die wie ein erleichtertes Aufatmen gewesen sei, habe Stine gesagt: Das ist alles, ich bin ja kein Pastor. Und habe allen einen gesegneten Osterabend gewünscht.

Von diesen Ereignissen, heisst es, seien allerdings verschiedene Versionen in Umlauf gekommen. Mit Bestimmtheit könne niemand mehr sagen, was nach Pastor Anderssons Karfreitagspredigt, die immerhin als Faktum und auslösendes Geschehen betrachtet werden dürfe, alles passiert sei. Möglicherweise sei Stines Intervention, falls so wie geschildert verlaufen, nur eine unter anderen Reaktionen gewesen. So etwa soll Ole Larsson, der Dorfatheist, freudig eine schwedische Fahne aus dem Fenster gehängt haben, obgleich diese ja ein Kreuz enthält. Und Pastor Andersson? Kein Wunder, dass über ihn die widersprüchlichsten Dinge erzählt werden. Er sei aus dem Dorf geflohen, dann aber wieder zurückgekehrt. Nein, sagen andere, er ist nie geflohen, er wurde in eine Klinik verbracht. Davon könne keine Rede sein, glauben wieder andere zu wissen, er habe noch einmal geheiratet und fortan auch wieder Ostergottesdienste gehalten, als wäre nichts geschehen, Ostergottesdienste mit Abendmahl, wie es sich gehöre. Zuviel Zeit ist seither eben verstrichen, viele Ostertage sind ins Land gegangen, doch keiner ist so gut in Erinnerung geblieben, so oft wiedererzählt worden wie dieser eine.

Lazarus schwieg

Tote, hört man zuweilen sagen, haben es besser, jedenfalls ist noch keiner wieder zurückgekehrt.

So aber kann nur daherreden, wer nichts von Lazarus weiss oder wer ihn vergessen hat. Dazu freilich, dass man ihn leicht übersieht oder vergisst, hat Lazarus, den Jesus vom Tod ins Leben zurückrief, selber am meisten beigetragen. Noch immer nämlich wäre er ein weltweit berühmter Mann und würde man sich an seine Nachrichten «von drüben» halten können, hätte er nach seiner Wiederbelebung doch nur den Mund aufgetan und, anstatt sich stumm zu verweigern, der Welt mitgeteilt, was ihm im Augenblick seines Todes und hernach widerfahren ist! Unauslöschbar wären diese Mitteilungen im Gedächtnis der Menschheit haften geblieben. Man wüsste jetzt, was man noch immer nicht weiss und was doch alle erwartet. Sterbe- und Jenseitsforscher müssten sich nicht länger mit unsicherem Erfahrungsmaterial zufrieden geben, mit Beschreibungen bloss todesnaher oder todähnlicher Zustände. Hätte Lazarus geredet, wir wüssten jetzt Bescheid, der Tod wäre kein Rätsel oder kein so grosses mehr, wir könnten unser Leben entsprechend verändern, es zielbewusster gestalten!

Lazarus aber schwieg.

Er wurde aus der Grabhöhle, wo er vier Tage lang tot und bereits auch verwesend gelegen hatte, zurück in das Haus geführt, das ihm sowie seinen Schwestern Martha und Maria gehörte. Davon, dass er wenigsten den Schwestern erzählt hätte, wie es ihm während der vier Tage ergangen war, ist nichts bekannt geworden. Und Jesus? Er vor allem hätte ja wohl ein Anrecht darauf gehabt, zu vernehmen, was seinem wiedererweckten Freund im Reich des Todes widerfahren war.

Doch entweder war Jesus an einem solchen Bericht nicht interessiert, oder Lazarus schwieg sich selbst ihm gegenüber aus.

Und so wissen wir nicht einmal, ob es überhaupt Lazarus' Wunsch war, ins Leben zurückgeholt zu werden. Aktenkundig ist allein, dass seine Schwestern es so wünschten. Ihnen zuliebe, vor allem aber, um ein Zeichen der lebendig machenden Kraft seines Vaters im Himmel zu geben, rief Jesus in die geöffnete Grabhöhle hinein: Lazarus, komm heraus! Und er kam, konnte vielleicht nicht anders, als dem heiligen Ruf zu folgen, als wieder lebendig zu werden und, trotz der hinderlichen Leichenbinden, aufzustehen und herauszukommen aus der Gruft, empfangen vom freudigen Entsetzen derer, die sich davor versammelt hatten. Doch gefragt worden war Lazarus nicht. Wie auch sollte man einen Toten fragen können? Ohnehin verbietet die Thora jede Art von Totenbefragung. Und so gehorchte er oder musste, zur Ehre Gottes und zum Beweis der göttlichen Vollmacht Jesu, gehorchen und kehrte wieder ins Leben zurück – um fortan zu schweigen.

Martha und Maria hatten ihren Bruder sofort abgeschirmt und wiesen Fragern und Neugierigen auch in den folgenden Tagen die Türe. Noch so gerne hätten nicht nur die Nachbarn, sondern alle in Bethanien von Lazarus hören wollen, wie es «nachher» denn sei. Vor allem braucht er jetzt Schonung, dürften die Schwestern gesagt und damit bei den Bethaniern zunächst wohl auch Verständnis gefunden haben.

Und Jesus? Ihm kam bald schon zu Ohren, der Hohe Rat in Jerusalem habe, alarmiert durch die Auferweckung des Lazarus und noch mehr derartige Grosstaten befürchtend, beschlossen, ihn bei günstiger Gelegenheit verhaften und hinrichten zu lassen. Da er noch nicht die Absicht hatte, ihnen diese günstige Gelegenheit zu bieten, zog er es vor, sich zu verabschieden und mit seinen Jüngern und Jüngerinnen in eine entferntere Gegend nahe der Wüste, in eine Ortschaft namens Ephraim zu ziehen.

Tage, Wochen vergingen. In Bethanien war wieder alltägliche Ereignislosigkeit eingekehrt. Nie verliess Lazarus das Haus und dessen Innenhof. Und was die Zeitspanne seines Tot- und Begrabenseins anging, kam nach wie vor kein Sterbenswörtchen über seine Lippen, sodass die Schwestern sich zu fragen begannen, ob er sich vielleicht nicht mehr zu erinnern vermöge. Oder sollte ihm – ein erst recht verwirrender Verdacht! – überhaupt nichts Erinnerbares widerfahren sein?

Wie dem auch gewesen sein mag: Lazarus schwieg.

Nachdem die Schwestern ins einst offene Haus vorsichtig wieder Vertraute und gute Bekannte einzulassen begannen, dürfte auch Lazarus oft mit dabei gewesen sein, wortkarg vermutlich (war er dies nicht schon immer gewesen?), nur ab und zu sich äussernd, vor allem wohl, wenn die Rede auf Jesus kam und auf die gegen ihn eingeleitete Verfolgung. Schliesslich ja war Jesus nicht zuletzt auch seinetwegen, seiner Auferweckung wegen, jetzt in Lebensgefahr. Gut, Lazarus musste sich weder für das eine noch das andere, weder für seine Zurückholung ins Leben noch für den Zorn der Jerusalemer Autoritäten verantwortlich fühlen. Er selber hatte nichts gewollt und nichts getan. Dennoch liegt die Vermutung nahe, dass er sich Gedanken machte über seine merkwürdige Rolle und Situation.

Von dem, was ihm widerfahren oder vielleicht bloss als eine Art Absenz in Erinnerung geblieben war, schwieg Lazarus beharrlich. Selbst die einmal nur angedeutete, behutsame Frage, ob er seither seinem künftigen Tod vielleicht anders entgegensehe als vorher, bewirkte, dass er aufstand und sich stumm zurückzog. Lasst ihn, mag Martha – oder eher Maria? – die andern beschwichtigt haben, ich glaube fast, er schämt sich. Doch wessen sollte er sich geschämt haben? Seiner vier Todestage? Seines jetzigen Wieder- und Weiterlebens und des Aufsehens, das dieses weiterum erregte? Oder am Ende des Umstands, dass er schlicht nichts zu sagen, zu melden hatte, da der Tod in seinem Bewusstsein keine Spuren und erst recht keine Erinnerungen hinterlassen hatte?

Wie Jesus, sechs Tage vor dem Passafest, mit den Seinen wieder in Bethanien auftauchte, wurde er im Dorf und im Haus der Freundinnen und des Freundes mit grosser Freude empfangen. Diese erreichte einen unerwarteten Höhepunkt, als die Nächstvertrauten, von Marthas Kochkünsten verwöhnt, bei Tische lagen und Maria plötzlich hinter Jesus niederkniete und, ihre teuerste Nardensalbe ausgiessend, seine nackten Füsse zu salben begann.

Mittlerweile hatte sich vor dem Haus eine zahlreiche Volksmenge versammelt, die nicht allein Jesus, sondern ebenso Lazarus sehen wollte. Lazarus liess sich jedoch nicht blicken, auch nicht, als Jesus mit seinen Jüngern und Jüngerinnen das Haus verliess. Dieser bethanische Auflauf erregte, als sie davon hörten, den Zorn der Autoritäten in Jerusalem noch mehr, sodass sie beschlossen, bei erster sich bietender Gelegenheit nicht allein Jesus, sondern auch Lazarus festzunehmen und zu töten. Allerdings, Bethanien war nicht Jerusalem. In Bethanien Verhaftungen vorzunehmen, konnte und durfte sich der Hohe Rat nicht erlauben. Darum wohl blieb Lazarus unbehelligt. Sein Freund dagegen, Jesus, ging ungeachtet mancher Warnungen nach Jerusalem.

Über das weitere Leben und den zweiten, endgültigen Tod des Lazarus ist nichts bekannt. Sicher bleibt nur, dass er über seinen ersten, viertägigen Tod zeitlebens nie das Geringste hat verlauten lassen. Auch Jesus, obgleich doch mehr und mehr mit seiner baldigen Tötung rechnend, scheint, wie schon gesagt, Lazarus nie danach gefragt, geschweige denn aufgefordert zu haben, anderen sein Geheimnis – wenn da überhaupt eines war – zu offenbaren. Und das, obschon durch fast alle Jahrhunderte, durch fast alle Völker und Religionen hindurch keine andere Frage die Menschen so andauernd beschäftigt hat wie gerade die nach dem Tod und dem «danach»! Wenn jemals einer, so wäre es Lazarus gewesen, der diese (so scheint es) Menschheitsfrage hätte beantworten können, zum Mindesten ein bisschen, zum Mindesten mit ein paar für uns hilfreichen Hinweisen.

Doch nichts Derartiges geschah.

Lazarus schwieg.

(Vgl. Johannes 11,1–12,11)

Finsternis

1

Trotz des unzeitig finster gewordenen Nachmittags harrte, wie
üblich bei Hinrichtungen, die Meute der Gaffer unentwegt aus,
um mit eigenen Augen verfolgen zu können, wie das Leben all-
mählich aus den nackten, bereits fliegenüberwimmelten Kör-
pern der drei Gehängten entwich.

Als jener, den die Römer, aus welchen Gründen immer, den
König der Juden nannten, einige hilflose Laute lallte, gab's
unter seinem Kreuz sogleich ein Gedränge: Hat er noch etwas
gesagt? Was hat er gesagt? Die Galgenwache trieb die Leute
wieder zurück. Einer von ihnen machte sich anheischig – ein
Angeber vielleicht? –, das Gelalle verstanden zu haben: Er hat
nach Elia gerufen.

Aus einer Gruppe, die bisher halb abgewandt von den Gal-
gen und abseits auch der Neugierigen verblieben war, hatte ein
Mann sich gelöst, war nähergetreten: Hörte ich recht? Er hat
nach Elia gerufen? Soviel ich verstehen konnte, ja, bestätigte
der angebliche Ohrenzeuge. Nur wenig später liess ein furcht-
barer Schrei alle erstarren.

In der entfernt stehenden Gruppe verhüllten die Frauen ihr
Gesicht. Der aber, der eben noch näher getreten war, entfernte
sich raschen Schrittes von der Richtstätte.

2

War's am Ende wohl Jakobus, der Sohn des Zebedäus, der Bru-
der des Johannes, der da enteilte? Derselbe Jakobus, der auf dem
Berg mit dabei gewesen war, als Moses und Elia sich gezeigt
und mit Jesus gesprochen hatten? Wo aber blieb Elia jetzt, da
der Gekreuzigte in letzter Not nach ihm rief und seiner Hilfe
dringend bedurft hätte?

Enteilte, entfloh Jakobus aus Verbitterung darüber, dass der Prophet zwar auf dem friedlichen Berg, doch nicht mehr jetzt, auf dem Fluch- und Galgenberg zu erscheinen beliebte?

Vielleicht auch floh der Jünger vor der furchtbaren Vermutung, dass nicht bloss Elia, sondern Gott selber Jesus im Stich gelassen hatte?

Oder war's für Jakobus einfach unerträglich, ausgerechnet jenen Körper tot und entstellt am Schandpfahl hängen zu sehen, der – und lange war's noch nicht her – in sonnengleicher Schönheit und Lebendigkeit geleuchtet hatte, damals auf dem Berg?

Allmählich zerstreuten sich die Neugierigen. Die Galgenwache konnte bald schon auf zwei Mann reduziert werden.

Aus der Gruppe der entfernter Stehenden blieben einige Frauen zurück, wie es schien, als eine Art stummer Totenwache.

(Vgl. Markus 9,2–13; 15,33–37)

Der letzte Weise aus dem Morgenland

Zwei der drei Weisen aus dem Morgenland waren bereits gestorben. Der dritte, nunmehr um die siebzig, verspürte den Wunsch, nach mehr als drei Jahrzehnten die Reise nach dem Westen noch einmal zu wagen, wie beschwerlich sie auch immer werden mochte. Wie seine verstorbenen Freunde hatte er das Kind von Betlehem nie mehr vergessen können. Ob es jetzt wohl im Königspalast zu Jerusalem gerecht und göttlich regierte? Am Persischen Golf vernahm man wenig, die Verbindungen zum fernen Westen waren spärlich, die Nachrichten zufällig, Karawanengerüchte meist nur.

Allein wollte der alte Mann allerdings nicht reisen. Er wählte sich einen seiner jungen Schüler zum Begleiter. Gemeinsam schlossen sie sich einer Karawane exiljüdischer Pilger an, die zur Wallfahrt nach Jerusalem aufbrachen. Wie sich unterwegs zeigte, war auch diesen Diasporajuden von einem König namens Jesus nichts bekannt. Skeptisch hörten sie sich die Erzählungen des alten Mannes von Stern und Königskind an. Nein, davon hatten sie nie etwas vernommen, es musste sich wohl um Hirngespinste eines wieder kindlich werdenden Greises handeln, eines Astrologen zudem, der sich auf abgöttische Weise mit den Sternen beschäftigte, was bekanntlich ein Gräuel war vor dem Herrn. Doch sagten ihm die Juden das nicht rundheraus. Sie blieben höflich und staunten denn doch, wenn er ihnen nachts die Sternbilder erklärte.

In Jerusalem angekommen, gingen der alte Mann und sein junger Schüler, nachdem sie ein Quartier gefunden hatten, zuerst zum Königspalast. Römische Legionäre bewachten ihn. Wie heisst der König, der hier regiert? fragten sie einen der Wachtposten. Hier gibt es keinen König, antwortete der. Herodes ist wohl längst gestorben? fragte der alte Mann weiter. Der Soldat hob ratlos die Schultern und wiederholte: Hier gibt es keinen König, hier regiert Pontius Pilatus, der Statthalter des römischen Kaisers – und nun macht, dass ihr fortkommt!

Der Bescheid machte den alten Mann traurig. Was nun? Hatten sie die lange Reise vergeblich auf sich genommen? Der junge Schüler munterte ihn auf: Die Stadt ist gross, wir werden weiter nach ihm fragen.

Jerusalem war in diesen Tagen von Pilgerscharen aus aller Herren Länder erfüllt, die im Tempel das Fest der Pfingsten mitfeiern wollten. Im Menschengewimmel der Gassen und Gasthäuser fragten die beiden Männer immer wieder, ob jemandem vielleicht ein Jesus von Betlehem bekannt sei. Nein, kennen wir nicht, lautete die Antwort meistens. Dann aber stiessen sie schliesslich doch noch auf Leute, die mehr wussten: Von einem Jesus von Betlehem ist uns nichts bekannt. Oder meint ihr vielleicht Jesus von Nazaret? Der ist vor ein paar Wochen hingerichtet, gehängt worden. Hingerichtet, gehängt? Weshalb denn? Wegen Aufruhr, Gotteslästerung und dergleichen, hiess es, so genau weiss man das nicht, auf jeden Fall ist es besser, man spricht nicht allzu laut davon.

Nein, ein Rebell, ein Gotteslästerer konnte der, den sie suchten, nie und nimmer sein. Der alte Mann wurde immer schweigsamer. Sein Begleiter begann sich Sorgen zu machen, erkundigte sich nach Karawanen, denen sie sich für die Rückreise anschliessen könnten. Immerhin aber wurden sie rätig, den Haupttag des Pfingstfestes doch noch abzuwarten, da sie nun einmal hier waren. Pfingsten, so belehrte man sie, sei das Erntedankfest für die Weizenernte. Manche Schriftgelehrte behaupteten ausserdem, an diesem Tag sei den Juden seinerzeit am Berg Sinai ihr Grundgesetz in der Form von zehn Geboten gegeben worden. Der alte Mann hiess seinen Schüler, sich diese zehn Gebote aufzuschreiben. Sie schienen ihm bedenkenswert zu sein.

Als der grosse Pfingsttag gekommen war, machten die beiden sich ebenfalls auf, um inmitten der wogenden Menge womöglich bis zum Tempel zu gelangen. Unterwegs gerieten sie aber in einen Menschenwirbel, aus dessen Mitte laute, erregte Stimmen zu hören waren. So früh am Tage schon betrunken, wurde rundherum geschimpft, gespottet. Der alte Mann jedoch drängte sich auf einmal näher zur Mitte des Wirbels, er hatte den Namen «Jesus» rufen hören. Doch dann merkte er, dass die Rede von jenem Gehängten, Gekreuzigten ging, von dem man ihnen berichtet hatte. Schon wollte er sich enttäuscht wieder wegwenden. Doch sein junger Freund hielt ihn zurück, verwundert sahen sie einander an: Sprach der Mann in der Mitte des Wirbels, des Auflaufs, nicht in ihrer, der persischen Sprache? Mühelos verstanden sie plötzlich, was er sagte, nämlich, dass der Hingerichtete keineswegs ein Verbrecher und Lästerer, sondern Gottes Sohn sei, der Gotteskönig und Messias. Ihr aber, ihr Leute von Jerusalem, habt ihn getötet, habt seine Ermordung zugelassen, rief der Redner heftig in die Menge, aber ich sage euch, Gott hat diesen Jesus von den Toten auferweckt, damit er König sei, nicht nach der Weise der Menschen, sondern nach der Weise Gottes!

Manche der Zuhörenden gröhlten, gestikulierten empört, schrien pfui! Vielen aber ging's wie ein Stich durchs Herz. Anstatt mit den andern in den Tempel hinaufzugehen, blieben sie beisammen, diskutierten und fragten: Was sollen wir denn nun tun? Der Redner, den sie Petrus nannten, rief: Ändert eure Gesinnung und lasst euch taufen auf den Namen des Hingerichteten, jetzt aber Lebendigen, dann werdet auch ihr den Geist empfangen, den Jesus allen gibt, die an ihn glauben und seine Worte befolgen!

Der alte Mann und sein Schüler liessen sich von einem Gefährten aus der Begleitung des Petrus noch mehr erzählen vom Leben, Wirken, Sterben des Jesus von Nazaret. Als sie hörten, wie der Gekreuzigte seinen Jüngern neu erschienen war, vom Tod auferweckt und lebendig, gab es für den alten Mann keinen Zweifel mehr, dass der Auferstandene jener war, dem er und seine beiden Freunde seinerzeit in Betlehem gehuldigt hatten. Nichts wünschte er nun mehr, als diesen Jesus noch einmal sehen zu dürfen. Seinerseits begann er deshalb, von den Geschehnissen damals in Betlehem zu erzählen, sodass man ihn alsbald zu Petrus führte, damit auch dieser es höre.

Wie kann ich Jesus sehen? fragte der alte Mann, nachdem er alles erzählt hatte. Petrus zeigte auf die Jünger und Jüngerinnen, auf die anderen Leute rundherum: Hier ist er! Er hat uns gewürdigt, von jetzt an seine Augen, seine Münder, seine Hände, seine Glieder zu sein. Und der alte Mann schaute um sich und erkannte in den Augen, den Gesichtern der Umstehenden jenen Glanz, der einst auch die Krippe im Stall umleuchtet hatte.

Bis tief in die Nacht sassen alte und neu hinzugekommene Freunde und Freundinnen Jesu dichtgedrängt in einem Jerusalemer Hinterhaus beisammen. Sie assen, tranken, redeten in heiliger Erregung durcheinander. Petrus hob seinen Becher: Auf Jesus, den Auferstandenen! Lebhaft antwortete Maria von Magdalena ihrerseits mit einem Trinkspruch: Es lebe sein heiliger Geist! Es lebe sein kommendes Reich! Und wieder erschienen Zungen wie von Feuer über ihren Häuptern und erfüllte Brausen das ganze Haus. Als hätte der Stern von Betlehem sich jetzt in viele Sterne geteilt, staunte der alte Mann aus dem Morgenland, und jeder Stern zeigt auf einen von uns! Johannes neben ihm nickte: Er will in jedem von uns geboren werden. Wie er gesagt hat: «Ihr müsst von Neuem geboren werden durch den Geist», was doch wohl besagen sollte, dass er in uns und durch uns zur Welt kommen will. Petrus allerdings rief: Johannes, Johannes, pass auf, dass deine Zunge nicht mit dir durchbrennt! Susanna mahnte: Nicht doch, lasst den Streit! Der Schüler des alten Weisen aber sagte, mit eins erleuchtet: «Jeder von uns werde Betlehem, werde Krippe!»

An Schlaf war in dieser Nacht nicht zu denken. Intensiv beredeten sie sich miteinander, ohne dass Müdigkeit aufkam. Als der Morgen graute, hatten sie einmütig beschlossen, ihren privaten Besitz fortan gemeinsam zu verwalten, damit der Geist Jesu, die neue Geschwisterlichkeit, Raum bekäme unter ihnen, auch in materiellen Angelegenheiten. Der alte Mann aus dem Morgenland strahlte: Wie armselig waren doch unsere Geschenke damals, verglichen mit dem, was ihr ihm heute schenkt!

Erst nach einigen Wochen brach der letzte Weise mit seinem jugendlichen Begleiter wieder auf. Mit einer Gewürzhändlerkarawane zogen sie zurück an den persischen Golf, hochbeglückt darüber, dem König ohne Palast und Hofstaat begegnet zu sein in der geistbewegten Schar seiner Freunde. Bald danach soll auch am persischen Golf eine kleine Christusgemeinde entstanden sein.

(Vgl. Matthäus 2,1–12; Apostelgeschichte 2)

Furchtbares Wunder

Dass nach Ananias auch Saphira tot aus dem Haus getragen wurde, überwältigte Levi, einen jungen Juden, der sich seit Tagen mit offenen Augen und Ohren im bereits grossen Kreis der Jesus-Anhänger umgetan hatte. Ja, der Gott unserer Väter ist wahrhaftig mit euch, rief er, mit eigenen Augen hab ich's gesehen! So will auch ich von jetzt an zu euch gehören.

Später kam Maria von Magdala. Niemand schien ihr jedoch über das Vorgefallene Auskunft geben zu können. Alle redeten sie erschrocken durcheinander, ohne viel Zusammenhang. Maria arbeitete sich deshalb durch das Menschengedränge bis zu Petrus vor.

Seit Kurzem versuchten die Apostel, Maria wie auch andere Frauen von der – allerdings noch lockeren – Leitung der rasch wachsenden neuen Bewegung fernzuhalten. Deshalb argwöhnte Petrus sogleich, Maria sei gekommen, ihm Vorwürfe zu machen. Kann ich denn etwas dafür? war darum das Erste, was er sagte. Ananias hat Gott betrogen, belogen! Da bringt er uns also den Teilerlös eines Grundstückverkaufs. Nun gut, wäre völlig in Ordnung und unseres Dankes wert gewesen, hätte er bloss nicht behauptet, die überbrachte Teilsumme sei der ganze und volle Verkaufserlös! Der Satan muss in ihn gefahren sein. Das, nur gerade das, sagte ich ihm, denn ich merkte sofort, dass er uns anlog. Kann ich etwas dafür, dass er, vom Schlag getroffen, tot zusammensank? Zwei, drei Stunden hernach tauchte Saphira auf. Sie suchte ihren Mann. Von dem, was mit ihm geschehen war, sagte ich nichts. Doch fragte ich auch sie: Hat uns Ananias den vollen Verkaufserlös gebracht? Ohne nur eine Miene zu verziehen, log sie ebenfalls: Ja, den vollen! Bevor ich noch dazu kam weiterzureden, war sie vor unseren Augen zusammengebrochen, war tot.

Entsetzlich! Maria schlug beide Hände vor ihr Gesicht:

Wie hat das nur passieren können? Hat man den Unglücklichen denn auch deutlich genug erklärt, dass niemand verpflichtet ist, uns den Erlös eines solchen Verkaufs ganz oder auch bloss teilweise auszuhändigen? Haben sie unsere heftigen Diskussionen über die Freiwilligkeit oder den Zwang zur Gütergemeinschaft vielleicht falsch ausgedeutet? Etwas chaotisch geht's bei uns mitunter ja zu.

Von Neuem meinte Petrus, aus Marias Fragerei einen tadelnden Unterton heraushören zu können, weshalb er ärgerlich replizierte: Sie waren sehr wohl im Bilde, aber sie wollten uns und vor allem Gott etwas vormachen. Doch nun hat sich gezeigt, und viele haben es mitangesehen und können bezeugen: Gott lässt seiner nicht spotten, vor ihm haben Lügen keinen Bestand. Der Tod der beiden soll uns dafür ein heiliges Zeichen und auch eine Lehre sein. Dank dieses Zeichens sind jedenfalls schon wieder neue Menschen zum Glauben gekommen.

Maria aber sagte: Und du, mein lieber Menschenfischer, hast du Gott und deine Mitmenschen noch nie angelogen? Wie kannst du so rasch vergessen? Warum bist denn nicht auch du tot umgefallen, als du – lange ist's noch nicht her – Jesus verleugnet hast? Wäre das nicht ebenfalls ein heiliges Zeichen, eine Lehre für alle gewesen? Doch gut, das ist abgetan, ist vergeben, seit uns der Herr von Neuem erschienen ist – lassen wir also die alten Geschichten. Ich wollte ja nur sagen: Ich vermag einfach nicht zu glauben, dass der Vater Jesu, dass unser Vater so handelt, wie es Saphira und Ananias widerfahren ist.

Die Tatsachen aber sprechen gegen dich, maulte Petrus misslaunig, was sollen deine Vorhaltungen im Nachhinein?

Niemand wird so häufig belogen, betrogen, hereingelegt wie Gott, sagte Maria, von mir, von dir, von allen. Das weisst du ebenso gut wie ich. Und nun sollen ausgerechnet Saphira und Ananias, diese unglücklichen und, wie ich sie kannte, etwas ängstlich-naiven Leutchen, für ihre Mogelei mit dem Leben haben büssen müssen? Nein, das will mir nicht in den Kopf.

Alles spitzt sich jetzt eben zu, schlug Petrus einen belehrenden Ton an, mit der Auferweckung des Herrn ist die letzte Zeit angebrochen, nach der Schrift eine Zeit klarer, oft harter Scheidungen, Entscheidungen, eine unzimperliche Zeit deshalb. Vergiss nicht, was auf dem Spiel steht! Es geht um Gottes Ehre, um den Sieg unseres Herrn! Darum jetzt die vielen Wunder! Warst du nicht ebenfalls dabei, neulich im Tempel, an der schönen Pforte, als ich den gelähmten Bettler gehen hiess?

Ich war dabei, bestätigte Maria, es war ein grosser, ein herrlicher Augenblick! «Gold und Silber habe ich nicht, doch was ich habe, das gebe ich dir: Im Namen Jesu, des Messias aus Nazaret – steh auf und geh!» O ja, deine Worte haben sich mir eingeprägt und zweifellos hat der Herr sie dir eingegeben.

Ein grosses, ein freudiges Wunder! Ich bin froh, dabei gewesen zu sein.

Siehst du! triumphierte Petrus, das Reich Gottes ist ganz nahe. Viele ahnen es, viele erfahren es. Gehe ich durch Jerusalem, drängen sich immer mehr Kranke an mich heran. Ich brauche sie nur flüchtig zu berühren, so sind sie geheilt.

Du weisst doch aber, dass nicht du es bist, der heilt? mahnte Maria. Auch tut der Herr, wie du weisst, nicht weniger freudige Wunder durch uns, die Frauen – allerdings beliebt ihr Männer davon stets weniger Notiz zu nehmen. Warum das?

Zählen sie nicht, bloss weil wir eben Frauen sind? Falls dies tatsächlich eure Meinung wäre, kann ich dir nur sagen: Jesus hat sie nie geteilt, er teilt sie auch jetzt nicht.

Ungehalten wollte Petrus ihr ins Wort fallen. Sie aber fuhr mit Nachdruck fort: Warum über *heilende* Wunder streiten? Mich erschüttert, entsetzt, was soeben geschehen ist, dieses *tötende* Wunder, wenn's denn überhaupt ein Wunder war. Wie, wenn Satan Gott und auch uns einen üblen Streich gespielt hätte? Ich frage nur, eine Antwort habe ich nicht. Dennoch behaupte ich, was immer du davon halten magst: Mit dem auferweckten Herrn hat der Tod dieser Eheleute nichts zu tun. Oder hat jemals ein Jesus-Wunder Menschen getötet? Das Gegenteil war der Fall, du weisst es so gut wie ich, er hat Tote zum Leben erweckt, nie umgekehrt.

Geschehen ist geschehen, brummte Petrus, etwas hilflos jetzt, wir können's nicht mehr ändern, ich nicht und auch du nicht.

Hast du Saphira und Ananias überhaupt näher gekannt? fragte Maria. Ich mochte die beiden recht gut, früher hatten sie kein leichtes Leben, eine Erbschaft brachte ihnen dann einigen Wohlstand, das erklärt vielleicht einiges, doch verstehen kann ich ihr Verhalten trotzdem nicht. Zu denken gibt mir allerdings auch – bitte, sei nicht gleich wieder böse! –, dass du und die anderen Brüder zwar erschrocken seid, kaum jedoch Trauer um die Verstorbenen zeigt. Wo überhaupt habt ihr sie begraben? Ich möchte hingehen, zu ihrem Grab, verstehst du? Stets wieder scheint es uns Frauen bestimmt zu sein, vor Gräbern zu stehen, um Tote zu trauern. Dies werde ich jetzt ebenfalls tun. Gott aber danke ich, dass ich nicht Zeugin des furchtbaren Vorfalls sein musste.

(Vgl. Apostelgeschichte 3,1–11; 4,32–5,11)

Ein alter Mann tanzt vor einem alten Mann in einem alten Zimmer, in dem noch nie getanzt worden ist

Wie zu vernehmen ist, leben Julian Beck, Judith Malina und das Living Theatre zur Zeit in Rom, von wo aus sie auf den Plätzen, in den Strassen, Gemeindehäusern, Parteisälen italienischer Städte und Dörfer szenisch agitieren. Eine Legende ist in Umlauf gekommen, wonach Julian Beck vom Papst in Privataudienz empfangen worden sei.

Mein Sohn! soll der Heilige Vater ihn begrüsst haben. Bruder! habe Julian spontan ausgerufen und den Papst umarmt. Dieser, überrumpelt von so viel Herzlichkeit, habe sich rasch wieder gefasst und gelächelt: So ist es, vor Gott sind wir alle Brüder.

Mit höflicher Handbewegung habe er Julian eingeladen, sich ihm gegenüber zu setzen. Dessen Blick sei aufmerksam durch den schmucklos schönen Raum gewandert, dann habe er anerkennend festgestellt: Gut ist die Stille, in der du hier lebst.

Ich hatte dich mir anders vorgestellt, soll der Heilige Vater und nun auch Bruder das Gespräch eingeleitet haben, ohne Cäsarenkopf und weniger ernst. Man hat mir natürlich von euch und eurem Theater erzählt. Ich erwartete, nun ja, einen Gaukler, einen Don Juan, einen Bruder Leichtfuss, was weiss ich. Jetzt macht mich der Ernst deines Gesichtes, deiner Augen, betroffen, fast befangen.

O, das tut mir aber leid! soll Julian sich entschuldigt haben und sei wiederum aufgesprungen: Willst du mich lachen sehen?

Und schon habe er laut, habe schallend herausgelacht, Komödiant und Könner plötzlich, habe dazu seinen drahtigen Körper bewegt, wahrscheinlich, um seinem Lachen dadurch bessere Resonanz zu geben.

Erschrocken sei ein Pater ins Zimmer gestürzt, vom Lachlärm alarmiert. Auf der Türschwelle sei er stehen geblieben, fassungslos beim Anblick Julians, der sich vor dem Papst recht seltsam hin und her bewegte, aus vollem Hals, mit Zwerchfell und Bauch sein ungeheures Gelächter spielend. Entsetzt soll der Pater sich im Türrahmen bekreuzigt, auf einen Wink seines Chefs hin aber wieder verzogen haben.

Als Julian sich wieder gesetzt habe, sei der Papst sehr beeindruckt gewesen. Noch nie habe er einen Menschen mit so grosser Macht und so viel Ernst lachen sehen.

Ich fürchte, soll Julian sanft erwidert haben, dass du nur selten jemanden lachen siehst, weil sich in deiner Gegenwart niemand zu lachen getraut. Du selber lächelst überaus liebenswürdig, so melancholisch jedoch, wie ich noch selten einen Menschen habe lächeln sehen. Man erkennt, dass du leidest, das nimmt mich für dich ein. Vielleicht leidest du zuweilen auch deswegen, weil du nie mehr aus vollem Hals, mit dem ganzen Körper lachen kannst.

Wie sollte ich das können, sei die Antwort des Papstes gewesen, angesichts der grässlichen Leiden in der Welt und bei den nie endenden Sorgen auch mit der Kirche. Ich glaube, du vermagst dir das nicht vorzustellen, mein Sohn – mein Bruder, verzeih.

Ein unmögliches Amt, ein unmenschliches fast, habe Julian eingeräumt, du solltest es abblättern lassen bis nur noch übrig bleibt, was möglich, was menschlich ist, deine Nachfolger würden dir dankbar sein.

Du verkennst, soll der Papst traurig abgewinkt haben, dass dieses Amt göttlich und deswegen ein einziges Kreuz ist, das zu tragen meine Bestimmung bleibt. Auch meine Nachfolger werden dieses Kreuz auf sich nehmen müssen.

Da habe Julian sich weit nach vorne gebeugt, sodass der Papst wohl seinen Atem im Gesicht gespürt habe bei den nur leisen, zärtlich artikulierten Worten: Nicht doch Bruder, es gibt noch ein anderes Kreuz als das deines Amtes.

Es gibt nur das Kreuz Christi!

So ist es, Bruder, habe Julian, noch immer weit vorgebeugt, mehr gemurmelt als gesprochen, genau so ist es, und dieses

Kreuz liegt zu unseren Füssen, hier auf diesem schönen Parkett, draussen im Staub der Strassen. Noch immer treten und trampeln wir auf ihm herum, anstatt es aufzuheben und auf unsere Rücken zu laden.

Und erneut sei Julian aufgesprungen und habe, im Zimmer hin und her schreitend, zu sprechen begonnen, laut und deutlich jetzt, als ob er einem unsichtbaren Schreiber diktiere:

Punkt eins: ausserhalb der Liebe kein Heil! Von heute an ersetzt dieser Satz das frühere Dogma, das dekretierte: ausserhalb der Kirche kein Heil.

Punkt zwei: Wer Gewalt anwendet, plant und befürwortet, wer Kriegsdienst fordert und leistet, wer Waffen herstellt, vertreibt oder deren Herstellung und Vertrieb zulässt oder finanziert, kann der Kirche Christi nicht länger angehören. Abwehrend, so heisst es, soll der Papst da die Arme erhoben haben: Nein, niemals! Was redest du denn? Bist du gekommen, um die Kirche zu zerstören?

Ich kam, um dir und der Kirche das Kreuz des Nazareners zurückzubringen, habe Julian, einen Augenblick still stehend, ganz sanft gesagt, um danach unbeirrt mit dem Diktat weiterzufahren, von Neuem hin und her gehend:

Punkt drei: Jede Herrschaft von Menschen über Menschen widerspricht der Lehre Jesu Christi. Das Reich Gottes ist Liebe und Gerechtigkeit. Seine gesellschaftliche Entsprechung heisst deshalb Gewaltlosigkeit und Anarchie.

In aller Heiligen Namen, hör sofort auf! soll der Papst gewehklagt haben, du redest nichts als Heillosigkeit und Häresie.

Doch mit langsamen Bewegungen habe Julian so unbeirrt, wie er noch eben diktierte, zu tanzen begonnen, dazu rezitierend, als läse er vor aus einem alten heiligen Buch: Und siehe, ein alter Mann tanzt vor einem alten Mann in einem alten Zimmer, in dem noch nie getanzt worden ist. Und siehe, wartend über ihnen schwebt im geöffneten Himmel eine Enzyklika vom Kreuz, vom wahren Kreuz. Doch keine Hand schreibt, kein Mund ist da, der verkündet. Und siehe, noch immer lastet das Kreuz allein auf den Schultern des gewaltlosen Anarchen aus Nazaret. Und keine Kirche hilft ihm tragen.

Geh, um Gottes willen geh! habe der Papst gefleht, ich ertrage deine Lästerungen nicht länger. Er soll auf einen Klingelknopf gedrückt haben, der Pater von vorher sei wiederum eingetreten.

Geh! habe der Papst nochmals gerufen, und zum Pater: Bring ihn hinaus.

Und dann, so wird erzählt, sei Julian rasch herzugetreten, habe seine Hand auf Kopf und Käppchen des Papstes gelegt und gesagt: Wenn *du* mich nicht segnest, so segne *ich* dich – im Namen des Vaters, des Sohnes und ihrer allerheiligsten Anarchie!

Klagend habe der Papst aufgeschrien, der Pater an der Türe sich wieder bekreuzigt, fassungslos. Gesenkten Haupts habe Julian den Audienzraum verlassen, so schnellen Schritts, dass ihm der Pater kaum noch zu folgen vermochte.

Predigten

Es gibt keinen Grund, das Jenseits
zu fürchten

Die grosse Schwierigkeit
der Friedensstiftung und ihre noch
grössere Verheissung

Selig sind die Friedensstifter, denn sie werden Söhne Gottes heissen.

Matthäus 5,9

Wer je versucht hat, Frieden zwischen zwei tief zerstrittenen Menschen zu stiften, weiss, wie schwer und zermürbend das ist. Er muss erfahren, dass er mit seiner Vermittlung immer wieder scheitert, dass sein Bemühen vergeblich ist, ja dass er selber bald von der einen, bald von der anderen Seite verdächtigt, verleumdet und angegriffen wird. Ich erlebe das etwa in Fällen, wo versucht werden sollte, in einer zerrütteten, sich in Auflösung befindlichen Ehe zu vermitteln. Die Erfolgsquote ist sehr klein. Die häufigen Misserfolge solcher Friedensstiftung bedrücken und belasten den Friedensstifter schwer. Friedensstifter – das lernt man dabei vor allem – müssen auf Niederlagen und Misserfolge gefasst sein.

Wer aus eigener Erfahrung weiss, wie schwer es ist, Frieden schon nur zwischen zwei einzelnen Menschen zu stiften, hat einen Begriff davon, wie ungeheuer schwer Friedensstiftungen zwischen ganzen Volksgruppen und Völkern sein müssen. Er ahnt, mit welchen Schwierigkeiten z.B. jene zu kämpfen haben, die im Jurakonflikt vermitteln sollen. Er begreift, dass Gunnar Jarring, der UNO-Vermittler im Nahen Osten, enttäuscht und aufgerieben zurücktreten will.

Wer sich je als Friedensstifter versucht hat, wird sich davor hüten, über die UNO zu schimpfen, ihr Unwirksamkeit und Ohnmacht vorzuwerfen. Das abschätzige Urteil, das man oft über die UNO hört, beweist vor allem eines: dass nämlich der so Urteilende vermutlich nie die Mühe auf sich genommen hat, in einem konkreten und schwierigen Fall zu vermitteln, und dass er so auch nie etwas von der Ohnmacht und den bitteren Niederlagen erfahren hat, die jedem Friedensstifter beschieden sind.

Friedensstifter wirken im Schatten des Kreuzes, das ja auch ein Zeichen der Ohnmacht und der Niederlage ist. Friedensstifter sind also ganz nahe beim Gekreuzigten, auch wenn sie nicht Christen, sondern z. B. Buddhisten sind wie U Thant. Falls wir Schweizer der UNO aus dem Grunde fernbleiben, weil die UNO bisher zu wenig Erfolg hatte, vielleicht auch, weil wir in Konfliktsituationen in heikle Situationen kommen könnten, so würde dies bedeuten, dass wir das Kreuz der Friedensstiftung nicht auf uns nehmen wollen. Damit aber distanzieren wir uns, trotz aller christlichen Beteuerungen, auch vom Gekreuzigten. Wir gehören dann nicht mehr zu den designierten «Söhnen Gottes». Dafür ist es vielleicht ein Buddhist oder Atheist, von dem gesagt werden wird: «Selig sind die Friedensstifter, denn sie werden Söhne Gottes heissen.»

Huldrych Zwingli freilich hat es als Hauptmerkmal des Christen bezeichnet, dass dieser ein «Frieder» ist. «Frieder» war sein Wort für Friedensstifter, für einen Menschen, der als Vermittler, als redlicher Makler, als Anwalt des je andern, auch als Anwalt des Gegners und Feindes auftritt. Der «Frieder» versucht, die sehr differierenden, legitimen Interessen von verschiedenen Menschen, Gruppen und Völkern objektiv zu sehen und zwischen ihnen den bestmöglichen Ausgleich zu schaffen.

Zwei Qualitäten sind für den Friedensstifter wichtig und müssen von ihm angestrebt werden: Er muss gut informiert sein, und er sollte objektiv sein können.

Manche Friedensstiftungen scheitern, weil wir zu wenig gut informiert sind. Mit der Parole «Seid nett zueinander» ist es noch nicht getan. Man muss die Mühsal genauer Information über die Zerstrittenen, über ihre Situation, über ihre Motive und Absichten sowie über die oft verwickelte und verwirrende Entstehungsgeschichte ihres Streites auf sich nehmen, sonst wird die Friedensstiftung zur Pfuscherei.

Jesus bezeichnet die Friedensstifter als «Söhne Gottes» – also als Söhne dessen, der auch nicht als Unbeteiligter von oben (vom «Himmel») herab gute Ratschläge erteilt, sondern der sich mitten in die Konflikte, die die Menschheit zerreissen, hineinstellt, auch wenn er dabei selber zerrissen wird. Mitlebend, mitleidend, mitsterbend informiert sich Gott «an Ort und Stelle».

Und dass er das in Jesus Christus tut, ist bereits, trotz Niederlage und Kreuz, der Anfang des Friedens. Friede beginnt damit, dass man sich leidenschaftlich für den andern interessiert und den andern ebenso wichtig nimmt wie sich selbst.

Aus diesem leidenschaftlichen Interesse und aus genauer Information erwächst Objektivität, die frei ist von Vorurteilen. Niemand hat ja mit gängigen Vorurteilen so vehement aufgeräumt wie Jesus. Mit den damaligen Vorurteilen z.B. über das religiös ungebildete «Landvolk», über die andersgläubigen Samariter, über die Zöllner, über die Frauen. Niemand aber konnte auch so objektiv sein gegenüber den eigenen Jüngern und Anhängern wie Jesus.

Und doch hat diese heilige Objektivität nicht dazu geführt, dass Jesus keine Stellung bezogen hätte oder grundsätzlich nur auf Kompromisse aus gewesen wäre!

Der Friede, den Jesus als Frieden Gottes bezeugt, ist nicht nur formal, er setzt konkrete Inhalte und Normen.

Zwischen Dieben und Mördern Frieden zu stiften, damit sie vereint besser stehlen und morden können, ist keine Friedensstiftung, sondern Komplizenschaft. Wenn die griechischen Kirchenfürsten, die leider Gottes die Militärdiktatur in ihrem Lande stützen, die zerstrittenen Obersten der Militärjunta miteinander versöhnen, tun sie damit kein Gott wohlgefälliges Werk, sondern sie helfen mit, Terror, Gewaltjustiz und Folter zu verlängern.

Das heisst: Gott will nicht, dass wir mit dem Bösen Frieden schliessen oder auch nur Frieden mit ihm vermitteln. Gerade das nicht! Das wäre der falsche Friede, der schlimmer ist als Streit und Kampf.

Auch in dieser Hinsicht gilt: Friedensstifter wirken im Schatten des Kreuzes (oder sollte man sagen: im Licht des Kreuzes?). Am Kreuz hing der, der mit dem Bösen keine Kompromisse geschlossen und keinen Frieden mit ihm gemacht hat. Die Objektivität Jesu bestand nicht zuletzt darin, dass er die faulen und falschen Friedensschlüsse entlarvt hat. Das hat die Profiteure des faulen Friedens gegen ihn aufgebracht.

Wichtig ist somit, dass wir erkennen können, was guter, was böser, was heilsamer und was fauler Friede ist.

Als Christen sehen wir in Christus selbst, in seinem Wort, in seiner informierten, aber zugleich kritisch-engagierten Objektivität das Modell und den Inbegriff heilsamer Friedensstiftung. Danach ist Friedensstiftung nicht immer allseitige Beschwichtigung, sondern ebenso oft einseitige Stellungnahme, d. h. Solidarität mit den einen gegen die andern. Friede, wenn er Friede Gottes ist, zielt nämlich konkret auf die Befreiung der Unterdrückten und Diskriminierten und kann deshalb nur Kampf gegen die Unterdrücker bedeuten; Friede mit ihnen wäre nicht Friede, wie Gott ihn meint, sondern ein Arrangement zulasten der Unterdrückten und Diskriminierten. Dazu hat sich Jesus nie hergegeben. Vielmehr ergriff er heftig Partei z. B für das religiös und sozial diskriminierte Landvolk der «geistlich Armen» (Matthäus 5,3) gegen die Pharisäer, die diese «geistlich» Armen verachteten und moralisch unterdrückten. Jesus ging so weit, dass er dem religiösen Establishment schliesslich – und schon in Jerusalem, schon in unmittelbarer Nähe des Kreuzes! – zurief: «Wahrlich, ich sage euch: Die Zöllner und die Dirnen kommen vor euch in das Reich Gottes» (Matthäus 21,31). Das sind nicht die Worte eines Beschwichtigers. Das sind die Worte eines Friedensstifters, für den der Friede Befreiung und Menschenwürde zum konkreten Inhalt hat.

Ebenso heftig nahm Jesus Partei für die sozial geächteten und ausgestossenen Zöllner, die mit der fremden Besatzungsmacht kollaborierten und in einem System von Zollpachten arbeiten mussten, in dem sie selbst die Ausgebeuteten waren, sodass sie sich oft nur so helfen konnten, dass sie die Zölle betrügerisch manipulierten. Darum warf man den Zöllnern Kollaboration und betrügerische Gewinnsucht vor. Den Sadduzäern jedoch und anderen grossen Herren begegnete man mit respektvoller Ehrerbietung, obgleich sie die Kollaboration in viel grösserem Stil betrieben und auch am Geschäft mit den Zollpachten in viel grösserem Masse verdienten. Vehement hat sich Jesus mit den Zöllnern solidarisiert, hat die Gesellschaft derer ausdrücklich aufgesucht, die von der Gesellschaft verfemt wurden. In solchen und ähnlichen Fällen gibt es für ihn keine neutrale, unparteiische Position, sondern nur Parteinahme und Solidarität.

Widerspricht das der Forderung nach Objektivität, nach Friedensstiftung?

Nein, das ist vielmehr Objektivität, das ist Friedensstiftung! Das Friedensgebot fordert die Aufhebung von Unterdrückung und Diskriminierung, die Aufhebung aller moralischen und gesellschaftlichen Zwänge, die Menschen entmündigen, seelisch verkrüppeln und vergewaltigen. Darum heisst Frieden stiften konkret: sich am Kampf gegen Vorurteile, Diskriminierungen und Unterdrückungen beteiligen. Wir haben ja diskriminierte Minderheiten unter uns: die ausländischen Arbeiter, die Dienstverweigerer zum Beispiel. Wir haben eine wirtschaftlich diskriminierte Welt vor uns: die Dritte Welt voll Not und Hunger. Und – leider – und so weiter.

Ich schliesse mit einem konkreten Beispiel: Dem Denken in diskriminierenden Vorurteilen leistet gegenwärtig die Fernsehreihe *Aktenzeichen XY – ungelöst* bedenklichen Vorschub. Hier wird Verbrecherjagd als Gesellschaftsspiel betrieben. Die Fernseher werden – einmal grob gesagt – zu Spitzeln und Denunzianten erzogen. Sie gewöhnen sich an, jeden, der anders aussieht oder anders lebt, misstrauisch zu beobachten oder gar zu verdächtigen. Der Selbstgerechte und Pseudopolizist in uns wird aufgestachelt. Die Frage aber, weshalb es Verbrecher und Verbrechen gibt, ob daran nicht auch wir, unsere Gesellschaft, unsere Moral mitschuldig sind, wird geflissentlich verschleiert. Ich glaube deshalb, dass Christen dieses bedenkliche Spiel nicht mitspielen können. Wir sollten uns vielmehr fragen: Wie kann zwischen Kriminellen, Asozialen also, und der Gesellschaft Frieden gestiftet werden? Vielleicht müssten ja nicht nur die Kriminellen sich ändern, sondern auch unsere Gesellschaft müsste anders werden, z.B. in der Art, wie sie Strafrecht und Strafvollzug handhabt oder die Strafentlassenen behandelt. Hier aber denken und handeln wir noch viel zu viel nach dem primitiven Racheprinzip.

Und eine Fernsehsendung wie *Aktenzeichen XY – ungelöst* leistet dem, so ist mit Grund zu befürchten, nur noch Vorschub.

Ein Christ, der etwas vom Verhältnis Jesu zu den Zöllnern weiss, sollte da nicht mitmachen. Erst recht nicht ein Christ, der das Wort wirklich ernst nimmt: «Selig sind die Friedensstifter, denn sie werden Söhne Gottes heissen.»

Der Bund

Denn das ist mein Blut des Bundes, das für viele vergossen wird zur Vergebung der Sünden.

Matthäus 26,28

Wofür ist Jesus gestorben?

Diese Frage nach dem *Sinn* des Karfreitags geht über die Frage nach den historischen *Gründen* von Jesu Hinrichtung, also über die Frage «Weshalb hat man ihn umgebracht?», hinaus.

Die Gründe für das Todesurteil liegen auf der Hand: Die jüdische Oberschicht, der galiläische Provinzfürst Herodes und die römische Besatzungsmacht glaubten – zu Recht oder zu Unrecht –, dass Jesus und die von ihm angezettelte Bewegung ihre Machtstellungen gefährde. Gemeinsam betrieben sie, die einen entschlossen, die andern zunächst noch schwankend und zögernd, die Beseitigung des für sie subversiven Mannes aus Nazaret. Das Todesurteil war ein politisches Urteil.

Zu unterscheiden von der Frage nach den Beweggründen, die zur Exekution auf Golgota führten, ist die Sinndeutung, die Jesus selbst seinem Tod gegeben hat. Zweifellos hat auch er die politischen Hintergründe der gegen ihn ausgelösten Kampagne durchschaut. Darum ist es wohl nicht möglich, den Sinn, den er seinem Tod gegeben hat, ausserhalb jeder gesellschaftlichen und politischen Dimension zu sehen. Dennoch geht dieser Sinn über das Politische hinaus

Wofür also ist Jesus gestorben?

Am Vorabend seiner Tötung, während des Mahls mit den Jüngern, hat er den Sinn seiner Selbsthingabe gedeutet mit dem Brotwort und dem Weinwort, die konstitutiv geworden sind für das Abendmahl. Wir beschränken uns heute auf das Weinwort:

«Das ist mein Blut des Bundes, das für viele (für alle) vergossen wird zur Vergebung der Sünden.»

Die Formulierung «Das ist mein Blut des Bundes» bezieht sich auf den Bundesschluss Gottes mit Isreal am Sinai, der mit einem Stieropfer besiegelt worden ist, worauf Mose die folgende Handlung vollzog: «Da nahm Mose das Blut und sprengte es auf das Volk und sprach: Seht, das ist das Blut des Bundes, den der Herr mit euch gemacht hat über all diesen Worten» (2. Mose 24,8). Die Besprengung des Volkes mit dem Opferblut sollte anzeigen, dass nunmehr das *ganze* Volk Bundespartner Gottes geworden war.

Unter Moses ist das Volk Israel zum Bundesgenossen Gottes geworden. Durch Jesus aber werden grundsätzlich *alle* Menschen und Völker zu Bundespartnern Gottes gemacht: «Das ist mein Blut des Bundes, das für viele (für alle) vergossen wird.»

Die Redeweise vom Blut, das «für viele» vergossen wird, erklärt sich aus der aramäischen Umgangssprache Jesu, in der das Wörtlein «alle» nicht existiert. Man musste sich deshalb mit dem Wort «viele» behelfen, auch wenn man «alle» meinte, sodass wir getrost übersetzen dürfen: «Das ist mein Blut des Bundes, das für alle vergossen wird.»

Daraus ergibt sich, dass Jesus seinen Tod als Zuwendung seines Gottes zu allen Menschen als Besiegelung eines universalen Gottesbundes verstanden hat. Jedenfalls ermächtigt uns das Weinwort des Abendmahls dazu, seinen Tod so zu deuten. Dabei, das gebe ich gern zu, bleibt manches rätselhaft und dunkel. Jesus und mit ihm die ganze Bibel lebten noch inmitten einer Opfertradition, die wir längst nicht mehr kennen, weil sie nicht zuletzt durch das Selbstopfer auf Golgota beendet worden ist. Insofern bleibt das Karfreitagsgeschehen von einem Geheimnis umwittert, das wir rational nicht auflösen können. Aber aus dem Dunkel dieses Geheimnisses blitzt und wetterleuchtet es immer wieder überraschend und erleuchtend, vielsagend und vielschweigend. Des Erschreckens, des Verwunderns und – so sagt der Glaube – der Gnade ist kein Ende. Und bis heute ist das unbegreifliche Dunkel des Karfreitags für viele Geplagte,

Gedemütigte, Verfolgte ein Zeichen der unverbrüchlichen Solidarität Gottes geblieben. Insofern hat sich das Wort vom «Blut des Bundes, das für alle vergossen wird» über sämtliche Verständnisschwierigkeiten hinweg behauptet und bewahrheitet.

Wichtig ist mir, dass Jesu Abendmahlswort nicht etwa die Grossen und Mächtigen dieser Welt, die sich früher ausdrücklich, heute insgeheim für die auserwählten Führer, Heilande, Gottessöhne halten, zu Bündnispartnern Gottes macht. Nein, die vielen sind es, das Volk also, die Jedermänner, Jedefrauen, die Kinder, die Zöllner, die kleinen Leute! Mit *ihnen* wird der Bund geschlossen und vor allem mit den immer wieder Geopferten, deren Blut und Leben wenig zählt. *Ihnen* gilt der Gottesbund! Das wird am Karfreitag unterstrichen durch das hartnäckige Schweigen, das Jesus den Machthabern – Herodes, Pilatus, dem Hohen Rat – entgegensetzt. Vor ihnen tut er den Mund nicht auf – er, der sonst mit allen gesprochen und diskutiert hat. Dieses demonstrative Schweigen verweigert den Mächtigen die Anerkennung. Der Gott Jesu hat mit dem Gott der Herrschenden nichts zu tun.

So stirbt Jesus durch die Hand der Mächtigen, die ihn jedoch nicht daran hindern können, für die Ohnmächtigen, für das Volk, für die vielen zu sterben. Mit den Abendmahlsworten nahm Jesus sein Sterben in die eigene Hand, gab ihm seinen eigenen Sinn. Jedes Abendmahl, das wir feiern, beweist, dass Jesus sich sein Sterben und den Sinn seines Sterbens nicht hat nehmen lassen, mag man ihm sonst auch alles genommen haben.

Zum Sinn seines Sterbens gehört, dass er sein Blut vergiesst «zur Vergebung der Sünden». Die Religion der Hierarchen und Machthaber gründet immer auf Angst. Sie erzeugt Angst vor einem Gott, der den befehlenden und strafenden Obrigkeiten zum Verwechseln ähnlich sieht. Menschen, die in Angst vor Gott, vor seinem Gericht, vor der Hölle und dem Jenseits versetzt werden, ducken sich schon im Diesseits unter die jeweiligen Autoritäten, sie werden gehorsam und unterwürfig, lassen sich willig disziplinieren durch ständige Vorhaltung ihrer angeblichen oder tatsächlichen Sünden. Damit soll es ein Ende haben. Von der Sinndeutung, die Jesus seinem Tode gibt, geht eine ungeheure sogar rebellische Ermutigung aus.

Sein Blut, vergossen «zur Vergebung der Sünden», das besagt doch wohl: Unsere tatsächlichen Sünden sind in Ordnung gebracht, sie zählen für Gott nicht mehr, es gibt keinen Grund, das Jenseits zu fürchten. Über Sünden, die man uns nur einreden will, die jedoch gar keine sind, darf man erst recht lachen.

«Vergebung der Sünden» – das ist ein Befreiungsruf, ein Befreiungswort. Es befreit von Gottesangst und Jenseitsfurcht, befreit erst recht vor engherzigem Moralismus uns selber und anderen gegenüber. Die Vergebung als Herzstück des neu besiegelten Bundes für alle befreit uns zum Diesseits, macht uns frei für die anderen Menschen, frei zum Kampf für ein menschlicheres Hier und Jetzt und Miteinander.

Mir jedenfalls geht es so: Jedesmal, wenn ich im Abendmahl oder auch sonst im Gottesdienst hören darf, dass Jesus gestorben sei «zur Vergebung der Sünden», stürzen alte oder neu entstandene Angstvorstellungen ein, drohende Über- oder Hinterwelten zerfallen zu Staub, mein Herz beginnt zu tanzen, einige Sünden kommen mir sogar ganz liebenswert vor, andere, schlimmere, verlieren ihre finstere Abgründigkeit, geraten ins Licht von Hoffnung und Veränderbarkeit. Vor allem geht mir auf, wie sehr ich bisher von der Vergebung anderer gelebt habe und wie leichter vieles würde, wenn auch ich anderen leichter vergeben könnte. So tun sich neue Perspektiven und Möglichkeiten vor mir auf. Aufgestellt, aufgerichtet fühle ich mich wieder freier, um neues Engagement auf mich zu nehmen, neue Konflikte zu wagen, neue Aufsässigkeit zu lernen und mit Bedrängten solidarischer zu werden. Nur so kann ich das, was man Sünde nennt, in Gottes Namen und nach vorwärts hin umzuwandeln versuchen in etwas mehr Liebe und Zuwendung.

Und ich denke, dafür, dass mehr Liebe in die Welt kommt, ist Jesus gestorben. Darum hat er diesen Satz gesagt, damals, als er den Jüngern den Becher reichte: «Das ist mein Blut des Bundes, das für alle vergossen wird zur Vergebung der Sünden.»

Sie war nicht nur die Mutter Jesu

Und er geht in ein Haus. Und wieder strömt das Volk zusam-
men, und sie kamen nicht einmal dazu, etwas zu essen. Und als
seine Verwandten davon hörten, machten sie sich auf, um sich
seiner zu bemächtigen, denn sie sagten: Er ist von Sinnen.

Markus 3,20f.

«Als er zurückkam, strömte die Volksmenge wieder zusam-
men, sodass sie nicht einmal zum Essen kamen. Als das seine
Angehörigen erfuhren ...» sagte Maria: Dabei ist er früher so
ordentlich, so vernünftig gewesen. Und Jakobus, ihr Zweit-
ältester, sagte: Aber so musste es kommen. Immer hast du ihn
verwöhnt und bevorzugt. Und Simon, der Drittälteste: Und
hast nicht gemerkt, wie wir darunter gelitten haben, immer
hat Jesus mehr gegolten als wir. Und der Viertälteste, Judas,
meinte: Und ohne Bewilligung hält er jetzt Versammlungen
ab, das kommt nicht gut. Und eine der Schwestern klagte: Uns
alle bringt er in Verruf. Kein anständiger Bursche wird mich
noch heiraten wollen.

Die Mutter war bekümmert über die Vorwürfe, am meisten
aber über das Aufsehen, das ihr Ältester in den Dörfern und
Städten der Umgebung erregte. So etwas gehörte sich wirklich
nicht für kleine, bescheidene Handwerkersleute.

Ja, sagte sie, es ist meine Schuld, er war mein Liebling, ich
gebe es zu, ich hätte ihn wohl nicht so bevorzugen dürfen. Aber
der Besuch der Hirten damals, die Männer aus Morgenland mit
ihren schönen Worten und Geschenken – ihr wisst ja –, das
alles ging mir nie aus dem Sinn.

Jakobus winkte lässig ab: Hast es schon hundertmal erzählt –
und vorher der Engel, der dir erschien: lauter Zeichen und
Wunder! Nachher, bei uns, ging dann eben alles gewöhnlich zu.
Das ist es ja: Wir waren dir gewöhnliche Kinder – er nicht.

Und Judas, altklug wie stets, stellte fest: Träume, Halluzinationen – häufig bei Frauen, die erstmals gebären. Bei euch kam die mühsame Reise hinzu, die Niederkunft im wildfremden Betlehem. Psychologisch verständlich, nur muss man so etwas auch wieder überwinden können.

Rat- und wortlos zog sich Maria in ihren kleinen Schlafraum zurück, während die Söhne, die Töchter weiter berieten, was zu tun sei. Da sich alle um den guten Ruf der Familie sorgten, waren sie bald einig. Die Brüder sollten gemeinsam zum Rechten sehen, d. h. ihren ältesten Bruder nach Hause holen – «wenn nötig mit Gewalt!», rief Simon. Die anderen nickten entschlossen. Am liebsten wären auch die Schwestern mitgezogen, schon aus Neugier. Doch entschieden die Brüder: Das ist Männersache, Frauen gehören ins Haus.

So «zogen sie aus, um ihn mit Gewalt heimzuholen. Denn sie sagten: ‹Er ist von Sinnen›.»

Maria, als sie nachher von den Töchtern hörte, in welcher Absicht ihre Söhne weggegangen waren, erschrak. Sie konnte nicht anders als heftig, sehr heftig wünschen, dass das Unternehmen misslinge. Sie drückte sogar ihren Daumen für Jesus, obgleich sie wusste, dass sie damit schon wieder Partei ergriffen hatte. Doch sie konnte nicht anders und versuchte dafür, besonders nett zu ihren Töchtern zu sein. Freundlich besänftigte sie die Jüngste, die ziemlich aufgebracht war, weil die Brüder so barsch entschieden hatten, Frauen hätten im Haus zu bleiben. Müssen wir uns das ewig gefallen lassen, schimpfte sie, denen werd' ichs einmal noch zeigen!

Es ging schon gegen Abend, als die Söhne nach Hause kamen, einsilbig, kleinlaut – und ohne Jesus. Marias Herz hüpfte vor Freude, fast wie damals, als ihr der Engel erschienen war, um Jesu Geburt anzuzeigen. Sogleich schämte sie sich aber: Ist das normal, wenn eine Mutter sich darüber freut, dass ein Sohn nicht mehr nach Hause zurückkommt? Sie war über sich selber verwirrt.

Langsam rückten die Söhne, von der Neugier ihrer Schwestern bedrängt, mit der Sprache heraus.

Ja, sie hatten Jesus gefunden. Das mit den vielen Leuten stimmte auch. Ja, sie hatten sich bis zu ihm durchgedrängt, durchgeboxt. Ja, sie hatten ihn aufgefordert, die Versammlung abzubrechen, nach Hause zu kommen.

Und? Und? fragten die Schwestern ungeduldig.

Was und? sagte Jakobus unwirsch, nichts «und»! Wir sind einfach zu wenige gewesen. Plötzlich haben Männer und Frauen eine Art Kreis um ihn herum gebildet, eine Leibwache beinahe, ein Dutzend oder mehr.

Und Jesus? fragte Maria.

Der? Der hat die Achseln gezuckt, hat lächelnd auf die Männer, die Frauen gezeigt und gesagt: Da seht! Das sind meine Freunde, das ist meine neue Familie.

Maria gabs einen Stich durchs Herz: Seine neue Familie? Hatte Jesus sich damit von der alten Familie losgesagt?

Die jüngste Schwester frohlockte: Ätsch, da seht ihrs nun, auch Frauen sind dabei!

Ja, ein Skandal, sagte Simon grimmig. Männer und Frauen ziehen mit Jesus im Land umher, nennen sich Jünger, Jüngerinnen, haben Beruf und Familie im Stich gelassen.

Und Judas doppelte nach: Mehr als ein Skandal – Aufruhr, Unmoral, Kommune ist das! Ihr werdet sehen, das endet böse.

Ach was, maulte die jüngste Schwester, er ist eben nicht so altmodisch wie ihr! Am liebsten ginge ich ebenfalls zu ihm, mit ihm. Vielleicht werde ichs eines Tages auch tun, wer weiss.

Maria schwieg, dachte nach, hin und her gerissen zwischen Freude und Schmerz. Sie hatte sich alles anders vorgestellt. Und wollte Jesus tatsächlich nichts mehr wissen von ihr, von seinen Geschwistern?

Später, als sie wieder allein war, kam ihr der Gedanke: Vielleicht ist das jetzt wie eine zweite Geburt, eine zweite Abnabelung sozusagen.

Um vor dem Schlafen noch frische Luft zu schnappen, trat sie hinaus in die Nacht, spazierte auf einen kleinen Hügel hinter dem Dorf.

Dort schlief eine Herde von Schafen, doch von den Hirten war nichts zu sehen. Sie lächelte: So muss es in Betlehem gewesen sein, als die Hirten ihre Herden im Stich gelassen haben. Wer weiss, ob die Hirten *hier* nicht auch zu ihm gegangen sind?

Sie schaute nach Osten, Richtung Kapernaum. Der Himmel war klar, voller Sterne. Einer von ihnen leuchtete besonders hell. Vielleicht, dachte sie, steht er genau über jenem Haus, wo Jesus jetzt ist. Er, den sie geboren hat, der jetzt wiedergeboren ist und neue Worte redet, neue Dinge tut, sodass man fast denken könnte, er sei von Sinnen.

Er wird es schwer haben, dachte sie.

Und dennoch war sie stolz darauf, dass nicht mehr Zeichen und Wunder, Engel und Stern die Leute zu Jesus führten, sondern dass es seine eigenen Worte, seine eigenen Taten waren, die die Menschen anzogen und bewegten. Heftig packte sie die Lust, sich morgen ebenfalls nach Kapernaum aufzumachen, um ihn zu sehen, zu hören.

Auf dem Rückweg wurde ihr allerdings klar, wie verkehrt gerade das sein müsste. Waren ihre andern Kinder nicht tatsächlich zu kurz gekommen bisher? Auch sie sollten, jetzt erst recht, spüren dürfen, dass sie geliebt, bejaht waren von Gott – und so auch von ihrer Mutter.

Nein, sie wird nicht nach Kapernaum gehen. Ihr Platz ist hier, bei ihren anderen Kindern.

Immanuel – Gott mit uns

Und an jenem Tage sagte er zu ihnen, als es Abend gewor-
den war: Wir wollen ans andere Ufer fahren! Und sie entliessen
die Volksmenge und nahmen ihn, wie er war, im Boote mit;
und andere Boote waren bei ihm. Und es erhob sich ein
gewaltiger Sturmwind, und die Wogen schlugen ins Boot, so
dass das Boot sich schon füllte. Er aber schlief im Heck des Boo-
tes auf einem Kissen. Und sie wecken ihn und sagen ihm: Meis-
ter, kümmert es dich nicht, dass wir untergeben? Wachgewor-
den, bedrohte er den Wind und sprach zum See: Schweig und
verstumme! Da legte sich der Wind und wurde eine grosse
Stille. Und er sprach zu ihnen: Warum seid ihr feige? Habt ihr
noch keinen Glauben? Und sie erschraken sehr und sprachen
zueinander: Wer ist denn dieser, dem Wind und See gehorsam sind?

Markus 4,35–41

Es könnte sein, dass unsere Gedanken bei diesem Bericht von
der abenteuerlichen Bootsfahrt der Jünger mit Jesus nebenaus
gehüpft sind, wie Kinder, die beim Waldspaziergang schnell in
einen andern Waldweg rennen, bis sie entdecken, dass es ein
Holzweg ist.

In einen solchen Holzweg sind unsere Gedanken gewandert,
wenn sie der Frage folgten: Ist ein solches Wunder, wie hier
berichtet, überhaupt möglich? Ist einem Menschen des 20. Jahr-
hunderts zumutbar, eine solche Wundergeschichte zu glauben?
Ich meine: Die Frage ist ein Holzweg, der nirgends hinführt.
Das sagen nicht nur wir Theologen, das sagen uns auch Logiker
und Naturwissenschaftler. Man kann nicht beweisen, dass es
unmöglich ist, noch kann man beweisen, dass ein solches Wun-
der möglich ist. Beweisen kann man nur, wofür es Vergleichs-
möglichkeiten, Erfahrungsmaterial, Parallelfälle gibt, was in ein
bestimmtes Regelsystem eingefügt werden kann. Zum Wesen

des Wunders gehört, dass es einmalig ist, mit nichts zu vergleichen, in kein Regelsystem einzuordnen. Wäre es anders, so wäre es ernsthafterweise kein Wunder! So erklären Logiker und Naturwissenschaftler, mit der Frage, ist das möglich oder nicht, sei bei Wundern nicht weiterzukommen. Wir sind auf einem Holzweg, der nirgendwo hinführt.

Doch nun kommen, von der entgegengesetzten Seite, die frommen Eiferer. Sie benehmen sich weniger demütig als die Wissenschaftler. Sie setzen uns sofort das Messer auf die Brust und sagen: «Wer das nicht tut, der ist kein Christ!» Aber das Messer, uns so auf die Brust gesetzt, kitzelt nur. Es kann nicht gefährlich werden, schon darum nicht, weil die Wunderfrage nur eine Nebenfrage ist. Sie trifft uns nie in das Herz und deshalb entscheidet sich unser Christsein niemals an ihr. Man kann alle biblischen Wunder akzeptieren, ja man kann sie sogar erlebt haben und dabei noch lange kein Christ sein, noch lange nicht glauben. Die Freunde Jesu haben seine Wunder alle gesehen. Trotzdem beklagt sich Jesus hier über ihren Unglauben. Mehr noch: Auch die Gegner Jesu haben die Wunder mitangesehen, die er tat. Trotzdem sind sie nicht zum Glauben gekommen. An der Frage, ob wir an die biblischen Wunder glauben oder nicht, entscheidet sich noch gar nichts.

Damit kommen wir jetzt von den Holz- und Nebenwegen zurück auf den Hauptweg, zur Hauptfrage: Was ist Glauben denn überhaupt? Das Evangelium ist in dieser Sache eindeutig: Es fordert uns nicht auf, an dies oder jenes zu glauben, es verlangt auch nicht, dass wir an diese oder jene Wunder, es verlangt, dass wir an Jesus Christus glauben. Das ist das *Eine*, das Not tut! Aber nicht einfach glauben, dass Jesus existierte und ein guter Mann war, der in vielen Dingen recht hatte. Auf diese Weise glaubten schliesslich auch schon die Jünger im Boot, und selbst die Gegner Jesu gaben zu, dass er ein guter Mann war, der in vielen Dingen recht hatte.

Nein: Glauben im qualifizierten Sinne heisst glauben, dass wir es im Mann von Nazaret nicht allein mit einem guten Menschen, sondern mit dem guten Gott, dem Schöpfer des Himmels und der Erde, zu tun bekommen. Dass also das, was der Mann aus Nazaret sagt und tut, von letzter Verbindlichkeit ist für uns. Dass wir deshalb an Weihnachten wirklich die Menschwerdung Gottes und nicht nur den Geburtstag einer historisch-relativen Grösse feiern. Dass Gott Mensch geworden ist – das ist das eine und grosse Wunder, an das wir glauben sollen!

Im Grunde ist die Geschichte von dieser abenteuerlichen Bootsfahrt eine Art Weihnachtsgeschichte: eine Weihnachtsgeschichte im Modell, unter Einbezug unserer Gegenwart und Zukunft. Weihnachten heisst doch: In Jesus von Nazaret steigt Gott zu uns Menschen ins Boot, von jetzt an ist er mit uns im gleichen Boot, mit uns auf der Fahrt neuen Ufern entgegen, bei uns auch, wenn, wie hier auf dem See, Nacht und Sturm hereinbrechen.

Sie werden vielleicht einwenden: Ja, aber jetzt ist doch Christus nicht mehr mit uns im gleichen Boot, in der gleichen Welt, in der gleichen Gefahr! – Wirklich nicht? Was besagt denn die Meldung von seiner Auferweckung vom Tode anderes, als dass er bei uns und mit uns in dieser Welt *bleibt*? Oder hebt Ostern Weihnachten auf? Annulliert die Auferstehung Christi seine Menschwerdung? Im Gegenteil: Seine Menschwerdung wird durch die Auferweckung vollends in Kraft gesetzt. Es ist der Auferstandene, der sagt: «Siehe, ich bin bei euch alle Tage bis an das Ende der Welt» – bis wir am anderen Ufer sind. Glauben an Jesus Christus heisst also: an seine Gegenwart glauben, heute und hier.

Letzthin stieg ich in ein Dachkämmerlein zu einer alten, schon lange nicht mehr arbeitsfähigen und herzkranken Köchin. «Haben Sie nicht Angst, hier so ganz allein zu leben?», fragte ich sie. Sie sah mich nur vorwurfsvoll an und sagte entwaffnend: «Ich bin doch nie allein.» Das ist Glaube. Christus ist in der Einsamkeit eines engen Dachkämmerleins so gut wie im Bienengesumm eines Geschäftshauses. Wir sind nie allein.

Doch nun geht es uns dabei wie den Jüngern im Boot. Christus ist da, aber wir merken nichts von ihm. Er ist anwesend, und scheinbar doch abwesend, ein schlafender Gefährte im

Boot, während wir verzweifelt rudern und Wasser schöpfen. Aufgeregt, verzweifelt schreien und beten wir um Hilfe, damit Christus endlich erwache, endlich eingreife.

Doch nun geschieht etwas Überraschendes: Christus lobt seine Jünger keineswegs dafür, dass sie ihn geweckt haben und seine Hilfe anrufen, womöglich sogar ein Wunder erwarten. Im Gegenteil: Er schimpft sie aus wegen ihres Unglaubens. Etwas Widerwilliges, Unwirsches ist in seinem Benehmen. Das Wunder, das er tut, ist ein mürrisches Wunder, mit dem er Zeter- und Wehgeschrei seiner Jünger unwillig abschüttelt. Deutlich steht dahinter sein Vorwurf: Das alles – euer Angstgeschrei und mein Wunder – wäre nicht nötig gewesen, hättet ihr Glauben gehabt! Das ist das Überraschende an diesem Zwischenfall, dass es so ganz anders verläuft, als das Schema F der Erbaulichkeit vorsieht. Schema F der Erbaulichkeit fordert, dass der Glaube in jeder Notlage unverzüglich an die Hilfe Jesu appelliert. Hier bezeichnet Jesus den Appell an ihn als Unglauben! Glaube wäre es gewesen, wenn die Jünger im nächtlichen Sturm ruhiges Blut bewahrt, noch kräftiger gerudert, noch rascher Wasser geschöpft, wenn sie auf ihre Zähne gebissen und durchgehalten hätten, selbst wenn es Schweiss und blutende Finger abgesetzt haben würde. Man kann nun freilich meinen: Ja, das ist leicht gesagt! Es ist, ich weiss es, leicht gesagt und schwer getan. Aber ich will auch gar nicht behaupten, Glaube sei etwas Leichtes!

Wäre er das, dann brauchte es keine Kirche, die uns zum Glauben aufrufen muss. Der Glaube ist schwer, weil er in den Zwischenfällen und Krisen des Alltags sich bewähren muss. Es handelt sich nicht darum, Ausserordentliches zu erleben, vielmehr darum, unsere Sache ordentlich und nüchtern, geduldig und zäh zu tun, selbst wenn ringsum Aufruhr und Unordnung herrscht.

Die Jünger, grösstenteils seeerprobte Fischer und Bootsleute, hätten nach Jesu Meinung jetzt, gerade im Sturm, mit all ihrer See- und Bootskenntnis durchhalten müssen. Dass sie es nicht taten, das eben war Unglaube.

Noch ein letztes Missverständnis muss ausgeschaltet werden: Es ist nicht so, dass die Jünger nur ein bisschen mehr Selbstvertrauen hätten haben müssen. Sie hätten darauf vertrauen sollen, dass Jesus mit im Boot war – und so Gott selber. Sie hätten sich sagen müssen: Ist er dabei, so werden wir bestimmt ans Ziel, ans andere Ufer kommen, auch durch den perfiden Sturm hindurch. Lasst Jesus schlafen, seine Ruhe soll auch uns ruhiger machen. Steht es schlimm? Aber ER ist bei uns. Zum Verzweifeln wäre es erst, wenn ER nicht mit uns wäre.

So rechnet der Glaube. So rechnet er in den Zwischenfällen des Alltags, wenn wieder alles schiefzugehen scheint. So rechnet der Glaube hinter dem Eisernen Vorhang, wenn eine tschechische Pfarrfrau auf die Frage, wie sie es hier aushalten könne, nach kurzem Zögern antwortet: «Gott will, dass wir und unsere Kinder hier leben. Also bleiben wir auch hier. Es wird schon gehen, wenn Gott will.» Glaubt diese Frau an Wunder? Etwa an das Wunder, dass das kommunistische System plötzlich zusammenbricht? Nein, sie glaubt an das Wunder der Gegenwart Gottes. Sie glaubt, dass man durchkommen kann, wenn Gott mit uns ist – und wir mit ihm.

Stellvertreter

Und er fing an, in Gleichnissen zu ihnen zu reden: Ein Mensch pflanzte einen Weinberg und zog einen Zaun darum und grub eine Kelter und baute einen Turm und verpachtete ihn an Weingärtner und zog ausser Landes. Und als die Zeit da war, sandte er zu den Weingärtnern einen Knecht, um bei den Weingärtnern von den Früchten des Weinbergs seinen Anteil in Empfang zu nehmen. Und sie ergriffen ihn, schlugen ihn und schickten ihn mit leeren Händen fort. Und er sandte wieder einen andern Knecht zu ihnen, den schlugen sie auf den Kopf und misshandelten ihn. Und er sandte einen andern, den töteten sie, und viele andre, die einen schlugen sie, die andern töteten sie. Noch einen hatte er, einen geliebten Sohn, den sandte er zuletzt zu ihnen, indem er sagte: Sie werden sich vor meinem Sohn scheuen. Jene Weingärtner aber sagten zueinander: Dies ist der Erbe; kommt, lasset uns ihn töten, so wird das Erbgut unser sein. Und sie ergriffen ihn, töteten ihn und warfen ihn zum Weinberg hinaus. Was wird der Herr des Weinbergs tun? Er wird kommen und die Weingärtner umbringen und den Weinberg andern geben. Habt ihr denn auch gar nicht dieses Schriftwort gelesen: «Der Stein, den die Bauleute verworfen haben, der ist zum Eckstein geworden; durch den Herrn ist dieser es geworden, und er ist wunderbar in unsern Augen.» Da suchten sie ihn festzunehmen und fürchteten doch das Volk; denn sie merkten, dass er das Gleichnis gegen sie gesagt hatte. Und sie verliessen ihn und gingen hinweg.

Markus 12,1–12

Liebe Gemeinde!

Das ist das Gleichnis von den Stellvertretern: «Ein Mensch pflanzte einen Weinberg und zog einen Zaun darum und grub eine Kelter und baute einen Turm und verpachtete ihn an Weingärtner und zog ausser Landes.» Der Herr des Weinbergs setzt also Stellvertreter ein. Von Zeit zu Zeit schickt er andere Stellvertreter, «um bei den Weingärtnern» – so heisst es – «von den Früchten des Weinbergs seinen Anteil in Empfang zu nehmen».

Die Weingärtner aber wollen nicht nur Stellvertreter, sie wollen Herren und Meister sein und bringen zuletzt den Sohn des Herrn um: «Kommt, lasst uns ihn töten, so wird das Erbgut unser sein!» Ihr merkt, was dieses Gleichnis sagen will. Auch von den Zuhörern Jesu haben es jene genau gemerkt, die es anging. Heisst es doch am Schluss: «Da suchten sie ihn festzunehmen und fürchteten doch das Volk; denn sie merkten, dass er das Gleichnis gegen sie gesagt hatte.» Sie – das sind die Herren des Hohen Rates, das sind die damaligen Repräsentanten und Stellvertreter Gottes in Jerusalem. Es sind diejenigen, die in wenigen Tagen den Sohn ergreifen und ans Kreuz liefern werden.

Zweierlei Stellvertreter des Herrn werden uns also gezeigt: diejenigen, die sich selber zu Herren machen, die nicht nur Stellvertreter bleiben wollen – und diejenigen, die als Stellvertreter, als Knechte, ihren Auftrag ausführen und dabei von den andern Stellvertretern geschlagen, verjagt und sogar getötet werden.

Mit diesem Gleichnis hat Jesus – lange vor Rolf Hochhuth – das Drama der Gemeinde Gottes in dieser Welt enthüllt: das Drama der Stellvertreter Gottes auf Erden. Jenes Drama, dem Jesus selbst zum Opfer fiel. Jenes Drama, das sich keineswegs abspielt zwischen der Kirche hier und der Welt dort, sondern das innerhalb der Kirche selber ausgetragen werden muss: das Drama zwischen Selbstbehauptung und Selbsthingabe.

Um das geht es auch im Stück von Rolf Hochhuth. Auf der einen Seite steht ein Papst, der seine Kirche möglichst intakt durch eine gefährliche Zeit hindurchführen will und deshalb zur Vernichtung von 6 Millionen Juden schweigt. Auf der andern Seite steht jener Pater Riccardo, der weiss, dass dieses Schweigen Schuld ist, dass Gott von seinen Stellvertretern nicht Selbstbewahrung, sondern Selbsthingabe fordert. Darum heftet sich Pater Riccardo den Judenstern an den Priesterrock und geht, solidarisch mit den Juden, in die Gaskammern. Er ist der echte Stellvertreter.

Hochhuth stellt nicht nur den damaligen Papst in Frage. Unsere Kirchen handelten offiziell nicht anders. Auch die Schweiz hat, als Gott in Gestalt flüchtender Juden vor unserem Weinberg stand, ihre Tore verriegelt. Wir fürchteten nicht nur Hitler, wir fürchteten auch für unsere Lebensmittelrationen, die noch einmal hätten gekürzt werden müssen. Im Konflikt zwischen Selbsthingabe und Selbsterhaltung, zwischen Stellvertretung Gottes und der Wahrnehmung unserer eigenen Interessen, entschieden wir uns für unsere eigenen Interessen und nicht für Gott.

«Was wird der Herr des Weinbergs tun? Er wird kommen und die Weingärtner umbringen und den Weinberg andern geben.»

Er ist aber – bis jetzt – nicht gekommen. Wir leben weiter im Weinberg. Der Herr ist nicht gekommen, nur der junge Rolf Hochhuth ist gekommen und sagt uns Älteren jetzt mit der ganzen Unerbittlichkeit seiner Jugend: Damals seid ihr keine Stellvertreter gewesen, ihr alle nicht! Ihr habt in jenen jüdischen Flüchtlingen den Herrn zurückgewiesen, habt ihm eure Früchte verweigert und ihn den braunen Henkern ausgeliefert. Wir können nur sagen: Es ist so. Herr erbarme Dich unser! Vergib uns unsere Schuld!

Erstaunlich bleibt, dass uns der Herr den Weinberg nicht kurzerhand weggenommen hat, dass er unsere Fahne mit dem Kreuz – mit seinem Kreuz! – nicht zornig ausgerissen hat aus dem Herzen Europas. Die Geduld dieses Herrn ist, wie ja auch das Gleichnis schildert, fast unerschöpflich.

Die Warnung freilich bleibt, dass uns der Weinberg eines Tages doch weggenommen und andern gegeben wird. Es ist kein Zufall, dass nicht nur die Schweiz, sondern auch die Kirchen jene Hitler-Zeit überstanden haben, dass es jetzt aber mehr und mehr knistert in ihrem Gebälk und abbröckelt hinter ihren Tapeten, so sehr, dass sogar die katholische Kirche aufgeschreckt worden ist, ja, dass man selbst in der unerschütterlichbehäbigen Berner Kirche unruhig zu werden beginnt. Unser Amt der Stellvertretung Gottes auf Erden ist jedenfalls in Frage gestellt, gilt nur noch auf Zusehen hin. Nach den Juden im 2. Weltkrieg stehen neue Knechte vor dem Weinberg, durch die Gott Nachschau hält nach unseren Früchten. Afrikaner sind da und Asiaten, die sich nicht länger mit ein paar Trauben abspeisen lassen wollen, sondern ihren vollen Ertrag an der Ernte fordern. Die Atomkrüppel in den Hinterhöfen Hiroshimas sind da und warten – bis jetzt vergeblich! – auf ein Wort unserer Kirchen, das nicht leisetreterisch den mächtigen Herren, sondern laut und deutlich ihnen, den ohnmächtigen Hiobsknechten dient.

Unter der Warnung dieses Gleichnisses stehen wir alle, nicht nur Päpste und Kirchenbehörden. Jeder von uns ist getauft auf den Namen des dreieinigen Gottes. Jeder Getaufte darf sich als Christ bezeichnen. Damit kann jeder von uns dem Namen Jesu Christi entweder Ehre machen oder ihn schauderhaft kompromittieren. Das ist das Unheimliche, das Gefährliche am Stellvertreter-Sein, am Christ-Sein, am Getauft-Sein, und es ist fast unbegreiflich, dass wir alle uns so unbeschwert als «Christen» bezeichnen, ja, dass sich Eltern geradezu danach drängen, ihre Kinder taufen zu lassen und auch ihnen die Verantwortung des gefährlichen Stellvertreter-Seins aufzuladen.

Stellvertreter-Sein ist deshalb so schwierig, weil es bedeutet, ohne den Herrn, in seiner Abwesenheit entscheiden und handeln zu müssen. Der Herr, so heisst es im Gleichnis, zog ausser Landes. Das ist die Dramatik der Stellvertreter-Existenz, dass der Herr nicht da ist und wir allein zusehen müssen, wie wir unser Werk tun: ohne ihn, aber für ihn. Gott überlässt uns nicht unserem Schicksal, wohl aber unserer Freiheit und Selbstverantwortung. Das ist die Situation der Stellvertreter. Das ist ihre, ist unsere Versuchung und Not. Kommt dieser fortgegangene Herr überhaupt noch einmal zurück? Kümmert er sich noch um seinen Weinberg? Lebt er überhaupt noch, oder haben jene recht, die sagen: Gott ist tot und längst gestorben? Warum ist er denn so unerreichbar, dieser Herr? Warum ging er ausser

Landes? Warum lässt er uns allein? Ja, warum? Stellvertretend für alle Stellvertreter ruft einer am Kreuz mit dem alten Psalmgebet: «Mein Gott, mein Gott, warum hast du mich verlassen!» Für uns schreit er, murmelt er das. Für uns hängt er am Galgen in der antwortlosen Leere der Gottverlassenheit. Für uns. Als unser Stellvertreter.

Weil er so für uns stirbt, wie er für uns gelebt hat, ist Gottes Platz unter uns nun doch nicht leer. Ja, es stimmt: Gott ist ausser Landes, doch sein Platz wird gehalten, wird voll ausgefüllt durch Jesus Christus. Gottes Wille wird getan, indem einer sich voll hingibt: für ihn, für uns, als der zuverlässige Stellvertreter.

In der Selbsthingabe Jesu ist der ferne Gott ganz nah. In diesem einen Stellvertreter, im Sohn, ist der Abwesende voll anwesend. Der Ruf an uns, Stellvertreter Gottes zu sein, ruft uns also nicht auf einen unmöglichen, verlorenen Posten. Einer steht bereits auf diesem Posten. Einer hielt stand, einer hält durch. Und jetzt ruft er uns an seine Seite! Wir brauchen dafür nicht ins Heilige Land zu wallfahren oder zu wallfliegen. Der Weinberg des Herrn ist überall, wo wir unseren Fuss hinsetzen, wo wir unsere Hand ausstrecken. Und der Sohn ist nicht mehr in Nazaret oder Betlehem, schon gar nicht im heiligen Grab zu Jerusalem. Er ist auferstanden aus dem Grab. Er ist hier und ruft uns zum Dienst der Stellvertretung in seinen bernischen Weinberg.

Amen

Outro

Ein Bild von dir

DU

«der unaussprechliche seufzer
im grund der seele gelegen»
(thomas müntzer)
für den ich
wider alle vernunft
und wider das bilderverbot
bilder erfinde
oder bilder finde
in heiligen schriften
(auch in der bibel):
hast du nicht selber uns
ein bild von dir geschenkt
in jesus dem christus
(kolosser 1,15)
dem wanderprediger
aus verlachter provinz
(«was kann aus galiläa
schon gutes kommen?»)
geboren einst
zwischen tieren
gekreuzigt
zwischen verbrechern?
kein maler
hat ihn für die nachwelt
porträtiert
kein bildner ihn
in marmor gemeisselt
da er alles andere
als prominent war
und nicht zu den VIPs
seiner zeit gehörte
vielmehr die gesellschaft

von fischern und zöllnern
das gespräch mit gewöhnlichen
frauen und kindern vorzog
DU
aber hast
in diesem nazarener
deine liebe kundgetan
an der wir immer wieder
irre werden
weil so vieles
gegen sie spricht
DU
hingegen hast
den gekreuzigten
vom tod auferweckt
und ihn zum licht
der sich gegenseitig
kreuzigenden menschheit
gemacht – ein licht
das nicht mehr erlischt
so ewig wie du selbst
DU
der in weiser voraussicht
deinen chrisuts
in die welt gesandt hast
zu einer zeit noch
da es weder fotografie
noch filme oder fernsehen
und internet gab
damit uns in jedem antlitz
dasjenige christi begegne
DU
und deine
lebendige ikone
marias sohn
der den neuen äon

verkündet hat
die vollendung
der schöpfung
den finalen sieg
über armut elend
und schicksalszwänge
die endlich klassenlose
gemeinschaft der befreiten
in der du alles
in allem sein wirst
(1. korinther 15,28)
und deine geschöpfe
ausser sich bei dir sind
und du das licht
in ihnen bist
worauf die liebenden
aller zeiten
schon immer
gewartet haben
und die engel
die kräfte des himmels
die propheten und apostel
die märtyrer alle
die heiligen und halbheiligen
und jesu avantgarde zumal
die kinder
DU
dessen gnadenbrot
wir essen
dessen gnadenwein
wir trinken
die wegzehrung
auf unserer wanderschaft
zum glück
durch die fährnisse
und gnadenlosigkeiten

dieses vergehenden äons
DU
der du trohnst
über den lobgesängen
deiner machtlosen gemeinden
(psalm 22,4)
– fürwahr: ein exponierter
ein luftiger sitz
unsicher und wenig feudal
sind die singstimmen doch
verzagt oft und brüchig
auch schleichen leicht sich
miss- und falschtöne ein
was aber – o wunder –
dich kaum
zu beunruhigen scheint
wie wenn du
von solchen gesängen
dich allezeit sicher
getragen fühltest

SELA

Nachwort

«Ihm glaube ich Gott.»
Kurt Martis Jesus

«Für einen Menschen [...], der durch Jesus und seine Botschaft herausgefordert, ins Unrecht gesetzt, mit Fragen behelligt, zum Leben ermutigt wird, halte ich mich allerdings.»[1]

I.

Kurt Marti hat während seines langen Lebens unzählige Seiten über Jesus geschrieben – über Jesus, den Christus. Aber kein einziges seiner vielen Bücher ist exklusiv dieser «Zentralfigur der Christenheit»[2] gewidmet. Genauer gesagt: Der Name «Jesus» und/oder der Titel «Christus» tauchen *nicht in einem einzigen* seiner vielen Buchtitel ausdrücklich auf. Hinter dieser Absenz steht kaum ein gezielter Verzicht, aber auffallend ist die Lücke durchaus.[3] Kurt Marti selbst scheint kein ausgeprägtes Interesse an einer Plakatierung des Namens gehabt zu haben, der «über alle Namen» ist (Phil 2,9). Und unseres Wissens hat er auch nie das Projekt einer Anthologie seiner Jesus-Texte erwogen.

Weil aber Marti diese unzähligen Seiten über Jesus geschrieben hat und der als Christus verstandene Jude aus Nazaret Dreh- und Angelpunkt seines Glaubens und seiner Theologie darstellt – dafür steht das Titelzitat des vorliegenden Bandes –, musste die angesprochene Lücke eher früher als später geschlossen werden. Seine Reflexionen über Jesus sind zu gewichtig, um nicht eigens in einer Auswahl präsentiert zu werden. Die diesbezüglichen Klassiker – etwa das frühe Gedicht *weihnacht* (1963)[4] oder das *nachapostolische bekenntnis* (1981)[5] – erschöpfen längst nicht die Fülle wie das gedankliche Spektrum des verfügbaren Materials.

Wir haben uns bemüht, die nicht leichte Aufgabe der Textauswahl so zu bewältigen, dass ein Buch für möglichst viele Leserinnen und Leser entsteht. Unsere Auswahl umfasst verschiedenste Genres, nämlich Gedichte, Miniaturen, Essays, Prosa und Predigten. Damit kommt das Buch nicht nur entsprechenden Vorlieben entgegen (wer den wissenschaftsnahen Essay schätzt, muss sich nicht gleichermassen für lyrische oder narrative Formen interessieren); es bietet sich auch an für kurze wie eingehendere Lektüren. Es passt in den Bus ebenso wie in die Bibliothek, aufs Nachttischchen genauso wie für die Predigtvorbereitung.

II.

Die genannten Gattungen geben unserer Auswahl zugleich ihre Struktur. Diese einfache formale Ordnung schien uns besser als die anspruchsvollere von inhaltlichen Schwerpunkten (etwa Episoden der Jesus-Geschichte oder einschlägigen christologischen Aspekten). Denkbar und in anderer Weise reizvoll gewesen wäre auch eine chronologische Reihung. In den rund fünfzig Jahren, die unsere Auswahl repräsentiert (der älteste Text stammt von 1958,[6] die jüngsten von 2005[7]), verändert sich Martis Jesus-Reflexion durchaus. Doch diese Veränderungen sind nicht so markant, wie sie angesichts des langen Zeitraums sein könnten. Es handelt sich eher um Akzentverschiebungen, die vertiefende Kontinuität dominiert über starke Diskontinuitäten. Spielt etwa die Menschlichkeit Jesu für Marti von Anfang an eine Schlüsselrolle, so entfaltet er diese in seinen späteren Jahren nachdrücklicher auch im Sinn seiner Leiblichkeit.[8] Mit unserer Entscheidung für die Gattungsvielfalt verbindet sich also zugleich der Anspruch, das inhaltliche Spektrum wie die feinen Verschiebungen von Martis Nachdenken über Jesus/Christus möglichst zur Geltung zu bringen.[9]

Divers ist unsere Auswahl schliesslich auch, was die ursprünglichen Publikationskontexte betrifft. Manche Beiträge wurden vom Marti selbst als kleine christologische Ensembles gestaltet und in einer seiner Monografien gut sichtbar veröffentlicht;[10] manche sind als Einzeltexte im unscheinbareren Zusammenhang der christlichen Publizistik erschienen. Unsere

Auswahl verfolgt also auch das Ziel, einige Quellen, die mit der flüchtigen Tagespresse in Vergessenheit geraten sind, in Erinnerung zu rufen.[11]

III.

Unsere Auswahl hat einen doppelten Anfang. Auf das spielerisch-leichte Gedicht *hotel jesus* (1991) folgt die vielleicht dichteste Antwort des späten Marti auf die Grundfrage: *Wer ist Jesus Christus für Sie?* (1986)[12]. Diese Antwort ist auch in formaler Hinsicht charakteristisch für seine theologische wie theopoetische Praxis: Marti stellt sich *selbst* eine Frage,[13] und er beantwortet sie nicht mit *einer* Antwort, sondern mit *zwölf* Teilantworten. Diese schlagen, achtet man auf deren Abfolge, zugleich einen (heils-)geschichtlichen Bogen: Die erste Antwort porträtiert den «historischen» Jesus und wechselt erst mit dem allerletzten Wort – «auferstanden» – in die Glaubensperspektive. Also in die Perspektive, ohne die die zwölfte und letzte Teilantwort gar nicht sagbar wäre: Jesus Christus ist «[d]erjenige, der sein letztes Wort noch nicht gesagt hat». Innerhalb dieser Rahmung bietet Marti zehn weitere Teilantworten, die festhalten, wer Jesus Christus für ihn ist – einmal ganz knapp, einmal ausführlicher, einmal mit geliehenen Worten anderer, einmal mit eigenen. Dabei tritt an die Seite des theologischen und des poetischen Registers auch auffallend stark das psychologische: Christus ist derjenige, der den menschlichen Wunsch nach Liebe, nämlich «sehr zu lieben und sehr geliebt zu werden», ganz ernst nimmt (vgl. 7); er befreit vom ansonsten dominanten Druck der Rechtfertigung (vgl. 10), er wird aber auch zur Projektionsfläche subjektiver Wünsche (vgl. 8). Die fünfte Teilantwort formuliert schliesslich den zugleich hochtheologischen wie bereits formal höchst persönlichen Satz, dem unsere Auswahl ihren Titel verdankt: Christus ist «[d]erjenige, dem ich Gott glaube»[14].

IV.

Nimmt man Martis Texte – die vorliegende Auswahl und weitere mehr – aus mittlerer Distanz in den Blick, lassen sich wenigstens fünf Akzente ausmachen, die seine Jesus-Reflexion nachhaltig bestimmen:

1. *Jesus, der Repräsentant Gottes*: Martis Denken kreist um Jesu, weil er ihn als *den* Repräsentanten Gottes sieht. Der von uns zum Titel erklärte grundlegende Satz – «Ihm, Jesus, glaube ich Gott» – heisst ja zum einen, dass Gott Zeugen braucht, um überhaupt Gegenstand des Glaubens zu werden. Und es heisst im Umkehrschluss zum anderen, dass man Gott nicht jedem und jeder glauben kann oder soll. Gott, die Götter, werden von vielen in vielerlei Weise bezeugt, erörtert und «gewörtert»[15]. Der Gott, der für Marti im tiefsten Sinn des Worts *glaubwürdig* ist, wird jedoch durch den Gekreuzigten zugänglich – und nur durch ihn:

> «Ich bin Christ (geblieben, erst recht geworden), weil mich der Gekreuzigte erlöst vom Alptraum eines metaphysischen Gottesgötzen, der Allmacht heisst und angeblich ein Über-Mensch, Über-Herrscher, Über-Ich, Über-Wir sein soll. Was kann ich mit einem solchen Über-Gott zu schaffen haben? Nichts, überhaupt nichts. Seine Über-Natur, seine Über-Geschichte gehen mich nichts an, lassen mich kalt. Mehr noch: Dieser Über-Gott mit seiner Allmacht erregt meine Abscheu.»[16]

Der Gott, der durch den Gekreuzigten und, in anderer Weise, den Auferstandenen zugänglich und glaubwürdig wird, ist damit das Gegenteil des metaphysischen Zuschauergottes. Er ist ein «Gott im Diesseits»[17], der sich durch höchste «Weltleidenschaft»[18] auszeichnet, der sich seiner Schöpfung aussetzt – bis in den Tod. Marti wird nicht müde, mit dem 1. Johannesbrief einzuschärfen: «Gott ist Liebe» (1Joh 1,16). Diese Bestimmung will er als theologischen «Kronsatz»[19] zur Geltung bringen, was eben an erster Stelle heisst, «Gott christologisch [zu verstehen], d.h. von Jesus her, unter dem Aspekt der gekreuzigten Liebe»[20]. Marti sympathisiert, mit einer einschlägigen theologischen Unterscheidung gesprochen,[21] klar mit einer Exemplumschristologie, nicht aber mit einer Sakramentumschristologie, die das Kreuzesgeschehen als Satisfaktion, Opfer und metaphysische Selbstversöhnung Gottes denkt: «Nicht opferte der himmlische Vater / Seinen Sohn – // Oder bedurfte Gott / des Blutes Jesu vielleicht, / um uns reinwaschen zu können / von unseren Sünden?»[22] Der Gott, der Liebe ist und sich in der Inkarnation als solcher zeigt, kann für Marti kein «Sündenkrämer» oder «Gesetzestüftler»[23] sein.[24]

2. *Jesus, der vere homo*: Martis Bekenntnis zu Gott, dem Vater Jesu Christi, wird durch seine theologische Hochschätzung des *vere homo* nicht geschmälert, sondern realisiert. Seine Aufmerksamkeit gilt dem «Bruder Jesus»[25], dem wandernden Juden und Menschenfreund. Wahrer Mensch ist dieser Jesus nach Martis Überzeugung aber nur, wenn er im Vollsinn inkarniert ist, ein ganzer Mensch, nämlich ein Mann aus Fleisch und Blut. Prägnant formuliert er: «Es gibt kein Leben ohne Leiben. [...] Insofern ist nicht der Teufel, sondern Jesus der Leibhaftige.»[26] Diese Leibhaftigkeit schliesst ausdrücklich auch den erotischen Leib mit ein. In umständlich-unerotischer Manier formuliert er: «Die Vermutung, dass die frauliche Fürsorge für den Leib Jesu auch eine erotische Komponente gehabt hat, halte ich für zulässig. [...] Die Annahme, Jesus sei gleichsam asexuell gewesen, bedeutete, dass er nicht leibhaftig Mensch, Mann war.»[27]

Diese Betonung der Leiblichkeit – weiter nachvollziehbar anhand seiner andernorts ausgeführten erotischen Theologie wie Poesie –[28] führt Marti zu originellen Beobachtungen, etwa zu derjenigen, dass die ikonographisch dominante Nacktheit respektive die spärliche Bekleidung Jesu zu seiner Zeitlosigkeit beiträgt. Diese Zeitlosigkeit eröffnet aber gerade eine gesteigerte Unmittelbarkeit, erlaubt sie es doch, im Gekreuzigten von damals die ‹Gekreuzigten› von heute zu erkennen:

«Der Hingerichtete aus Holz könnte ein gehängter Guatemalteke oder Äthiopier, ein gelynchter Ugander oder schwarzer Südafrikaner sein – nicht ‹mein› Jesus jedenfalls, viel eher ein Jesus gegen mich, gegen uns Angehörige eines Volkes, dessen demokratisch gewählte Regierung ihre schützende Hand über Grossbanken und Konzerne hält [...]»[29]

Die Menschlichkeit Jesu qua Leiblichkeit zeigt sich im ganz und gar irdischen Lieben wie im ganz und gar irdischen Leiden. «Es gibt kein Leben ohne Leiben. [...] Aber auch kein Leiben ohne Leiden.»[30] Gegen eine theologisch motivierte Maximierung der Leiden am Kreuz («für uns gestorben») setzt Marti, diese normalisierend und für manche vielleicht anstössig abwertend, das *grössere* Leid der Folteropfer in Geschichte und Gegenwart: «Abermillionen Gefolterter und Gequälter [wären] vermutlich dankbar gewesen, ihr Leiden hätte relativ so kurz gedauert wie damals dasjenige des Nazareners.»[31]

Der gleiche Wille zum enttheologisierenden Realismus begegnet auch in einem eindrücklichen Prosatext Martis. Wenn der «Fürst» in der gleichnamigen Erzählung nach dem Abendmahl keine Anstalten macht, sich wieder zu setzen, sondern vor dem Pfarrer stehen bleibt und auf mehr wartet – «Noch mehr! Alles! [...] Ich habe Hunger.»[32] –, erinnert das denkbar deutlich an den alltäglichen Sinn des Mahls, der lebenserhaltenden Nahrungsaufnahme, die im symbolhaft überformten Abendmahl dauerhaft aufgehoben sind.[33]

3. *Jesus, der Auferstandene*: Dass Jesus, der Christus, der Repräsentant dieses leidenschaftlich liebenden Gottes ist, erweist sich in so deutlicher wie geheimnisvoller Weise in der Auferstehung. Durch die Auferstehung wird Jesus zum *Christus praesens*, zum «Wort Gottes», zum eschatologisch «Gegenwärtigen»: «Ich rede und streite mit ihm als einem Gegenwärtigen. Vermutlich ist das meine Weise, seine Auferstehung zu glauben, ohne sie mir vorstellen oder anderen beweisen zu können.»[34]

Dass Gott für seinen Repräsentanten und gegen die todbringenden Mächte der Welt aufsteht, gibt Marti zugleich Anlass, die politische Dimension der Auferstehung zu akzentuieren. Das eschatologische Auferstehen und das weltliche Aufstehen gehören für ihn eng zusammen: «es kommt eine auferstehung die ist / der aufstand gottes gegen die herren / und gegen den herren aller herren: den tod»[35]. Man beachte aber genau das Subjekt des Aufstands: «Das Verhältnis zwischen Jesu Auferstehung und den menschlichen Aufständen bleibt», wie Matthias Zeindler prägnant reformuliert, «ein uneinholbares *Begründungs*verhältnis – es ist Gottes eschatologischer Aufstand, der die irdischen trägt; Befreiungen erfahren wir durch Jesus, der – so das *nachapostolische bekenntnis* – auferstanden ist, ‹um weiterzuwirken für unsere befreiung›.»[36]

4. Jesus, der bleibend Andere: Durch die «gesellige Gottheit» – das Neben- und Ineinander von Vater, Sohn und heiligem Geist –[37] ist Jesus bleibend der Andere: «Du so. / Du anders. / Du nicht. / Du doch!»[38] Bleibend der Andere ist Jesus, der Christus, aber insbesondere auch in Beziehung zum Christentum, den christlichen Kirchen: «Wir dürfen Jesus und ‹Christentum› nicht miteinander identifizieren.»[39] Im Bewusstsein für die enge Bindung von eschatologischer Auferstehung und alltäglichem Aufstand bringt Marti Jesus ausdrücklich gegen eine Kirche in Anschlag, die er auch als Befriedigungsinstitution «für einige Nebenbedürfnisse / des Mittelstandes» wahrnimmt: «Gefragt sind: / ein Hauch heiler Welt / mit Dias und Filmen / bei Kuchen und Tee. // Ist dafür / einer / einst aufgehängt / worden?»[40] Nichts gegen Kuchen und Tee, sie sind aber auch «Symbole mittelständischer Gemütlichkeit» und damit den «ungemütlichen Elementarereignissen»[41] von Kreuzigung und Auferstehung denkbar fern. So wird für Marti gerade im Abendmahl – also einem liturgisch scheinbar besonders gesicherten Ort – klar: «Ein Fremder kommt»[42], nicht mit Kuchen und Tee, sondern mit Brot und Wein. «Und dieser Fremde bestätigt uns oder unser Gemeindeleben durchaus nicht, im Gegenteil, er verunsichert, er scheint uns an anderen als gewohnten Masstäben zu messen, an ‹Tod und Auferstehung›, am ‹Reich Gottes›. Wem wäre das geheuer?»⁴³

5. *Der Jesus der Anderen:* Charakteristisch für Martis Beschäftigung mit Jesus ist schliesslich auch sein hohes Interesse am Jesus *der Anderen,* an Interpretationen der Jesus-Gestalt aus nichtchristlichen, nichttheologischen und nichtwestlichen Kontexten. «Ist Jesus heute vor allem *dort*? Kommt uns die Antwort, die wir *hier* nicht finden können (vielleicht auch nicht finden wollen?), von *dort*?»⁴⁴ Dieser Aspekt geht aus unserer Auswahl aus Platzgründen nur andeutungsweise hervor. Daher sei an dieser Stelle auf zwei in dieser Hinsicht gewichtigere Einlassungen verwiesen.

Marti hat nicht nur eigene literarische Versuche zur Person und (wie Schleiermacher sagt) zum «Geschäft» Jesu vorgelegt. Er verfolgt deren Literarisierung generell ausgesprochen aufmerksam. Sein hohes Interesse an diesem anderen Jesus ist aber in einer Weise theologisch motiviert, die über eine schlichte Differenzlogik hinausgeht. Sie erschöpft sich also nicht in der allgemeinen Vorstellung, dass das Eigene nur in dem Masse wirklich eigen ist, wie man es zu einem oder verschiedenen Anderen ins Verhältnis setzen kann. Das geht aus Martis umfang- und materialreichem Essay *Zum Christusbild in der neueren Literatur* (1970) besonders klar hervor. Er betont über die generelle literarische Wirksamkeit «ausserevangelischer Faktoren»⁴⁵ hinaus ausdrücklich eine unhintergehbare Dynamik, die er in allen «lebendigen Jesus-Bildern» am Werk sieht:

«Es scheint kein lebendiges Jesus-Bild möglich zu sein, das nicht die projizierende Mitarbeit des Gläubigen oder Nichtgläubigen erfordert. Es ist das Schicksal Jesu, immer auch Projektion der menschlichen Bedürfnisse und Hoffnungen sein zu müssen. Der Geglaubte trägt ebenso die Züge des Glaubenden wie der Bekämpfte in manchem dem Bekämpfer gleicht.»⁴⁶

Diesen «partielle[n] Projektionscharakter jeden Jesus-Bildes» – des positiven wie des negativen – versieht Marti aber gleich mit zwei theologischen Interpretationsoptionen: «Möglicherweise» lasse sich dieser Projektionscharakter, der im «Fragment- und Mosaikcharakter der Evangelien» mitbegründet sei, in Kontinuität zur Passion verstehen. «Vielleicht» sei er aber auch in Verbindung mit der «Ecce homo»-Szene (Joh 19,5) zu sehen: «der retrospektiven Interpretation Jesu als Inbegriff des Menschen überhaupt»[47]. Sei es diese oder jene Option: Sie relativieren beide eine starke Differenz von Eigenem und Anderem, von christlicher Theologie und nichtchristlicher Literatur. Der «Bruder Jesus», der bevorzugt Gegenstand literarischer Interpretation wird, ist nicht ein *ganz* Anderer. Er ist aber doch so verschieden vom «Christus von Kerygma und Dogma», der theologisch im Fokus steht, dass die Theologie von ihm lernen kann. Die relative Andersheit dieser Figur verweist sie etwa auf die Grenzen ihrer Ästhetik:

> «[E]in gelähmter Christus im Rollstuhl, wie der Dramatiker Georg Kaiser ihn sich erdachte, oder ein Gekreuzigter, der an einer Autobahnbrücke hängt, wie in einem Gedicht von Franz Geerk (das diesem ein Prozess wegen Gotteslästerung eintrug): Artikulationen, die jede bisherige Ästhetik, auch christliche und theologische, ins Leere laufen lassen.»[48]

Marti zeichnet in seinem Essay denn auch ein ebenso genaues wie klar affirmativ grundiertes Bild des jüngeren literarischen Jesus. Ausgehend von den liberal-theologischen «Leben Jesu» des mittleren 19. Jahrhunderts über die politischen wie literarischen Avantgarden und die christliche Literatur der Nachkriegszeit gibt er schliesslich eine eingehende Darstellung von Henry Millers Jesus in *Big Sur oder Die Orangen des Hieronymus Bosch* (1957). Er arbeitet die jeweiligen Charakteristika der Figur heraus, und mit ihnen deren theologische Implikationen.[49]

Der zweite Beleg für Martis gezielte Hinwendung zum Jesus der Anderen ist sein öffentliches Briefgespräch mit dem Agnostiker und Kirchenkritiker Robert Mächler (1909–1996, 1977).[50] Mit ihm, der die biblischen Schriften ebenso aufmerksam gelesen hatte wie die exegetische Literatur, lässt sich Marti auf einen ausführlichen kultivierten Streit ein. Die Grundfrage, wie schriftgemäss Glaube und Theologie sein sollen und können, stehen hier ebenso zur Debatte wie kleinteiligere Kontroverspunkte, etwa der richtende Aspekt der Verkündigung Jesu[51] oder das Gebot der Feindesliebe[52]. Ein analoges Projekt, nur filmisch dokumentiert, hatte Marti einige Jahre früher bereits mit dem geächteten Kommunisten und Kunsthistoriker Konrad Farner (1903–1974) verfolgt.[53]

V.

Der Umfang seiner Bibliografie wie die Zahl seiner hier auszugsweise versammelten Jesus-Texte zeigen es: Kurt Marti kritisches Christentum fand in der kirchlichen wie gesamtgesellschaftlichen Öffentlichkeit der Nachkriegszeit eine starke Resonanz. Er hatte sein Publikum, nicht nur in der Schweiz, nicht nur in den beiden Deutschland, sondern auch in verschiedensten anderen Ländern und Sprachen. Er war sowohl inner- wie ausserkirchlich als Autor gefragt – nicht zuletzt in der Weihnachtszeit, wenn sich viele Redaktionen eine schöne Weihnachtsgeschichte für das eigene Blatt erhofften. Kurt Marti hat diesem Wunsch nach kirchenjahrskonformen Beiträgen sehr oft entsprochen, ab 1987 hat er Bitten nach Weihnachtsgeschichten jedoch konsequent ausgeschlagen. Diese vielleicht irritierende Entscheidung – ein Verzicht, ausgerechnet in der Hochsaison der christlichen Erzählkultur? – soll, weil aussagekräftig, unsere Hinweise beschliessen.

Die Zeitung, die 1987 um eine Geschichte bat, war das Deutsche Allgemeine Sonntagsblatt. Der Redakteur blieb hartnäckig und bat Marti nach dessen knappem Hinweis auf seine Entscheidung zur generellen Abstinenz um nähere Begründung. So kam das Sonntagsblatt zwar nicht zu einer Geschichte, wohl aber zu einem anderen Marti-Beitrag: zu zehn Thesen über das Schreiben von Weihnachtserzählungen, versammelt unter dem prägnanten Titel *Die zerzählte Botschaft* (und begleitet von einer Thesenreihe seines diesbezüglich schreibwilligeren Kollegen Arnim Juhre).[54]

Die erste These, die auf das einleitende «Warum ich keine Weihnachtserzählungen mehr schreibe» folgt, ist denkbar lapidar: «1. Weil mir zu Weihnachten nichts einfällt.» Weit weniger lapidar ist die unmittelbar folgende Selbstbefragung: «Weshalb fällt mir nichts mehr ein?» Auf diese Frage antwortet Marti durch Hinweise auf den Überfluss bereits existierender Erzählungen («wenige gute, manche mittelmässige, viele schlechte», These 2), das «horrible Weihnachtsgeschäft», das sich eben auch auf Weihnachtsgeschichten in allen Medien erstrecke (These 3), den durch eben diese Geschichtenfülle verstärkten psychischen Druck («Sie verschärfen in den Lesern, Leserinnen jene schon bestehende Spannung [...], die meint, an Weihachten etwas Besonderes erleben, tun oder fühlen zu müssen», These 4). In These 6 folgt dann die vielleicht zentralste, weil im engeren Sinn theologische Begründung der eigenen Einfallslosigkeit:

«Weil die Unmenge an Weihnachtserzählungen (auch Weihnachtsgedichten) dem Weihnachtsfest eine Priorität verleihen, die ihm gegenüber anderen christlichen Festen theologisch nicht zukommt. Ostern, Pfingsten sind die christlich relevanteren, für die Verkündigung weitaus bedeutsameren Feste. Darum widerstehen sie gefühliger Vereinnahmung und erzählerischer Vermarktung besser.»

Auf die bilanzierende These 9 («Weil – summa summarum – Weihnachten in unseren nördlichen Breiten längst zerzählt ist») folgt die zehnte und letzte, die nochmals These 6 aufgreift: «Weil – wenn schon! – Ostererzählungen, Pfingsterzählungen ungleich wichtiger wären, ich selber aber nicht fähig bin, zu einem gegebenen Anlass oder Thema Geschichten zu erfinden. Erst müsste etwas passiert oder von mir erlebt worden sein.»

Dieses Finale ist in doppelter Hinsicht bemerkenswert. Einerseits – und glücklicherweise – lässt sich Martis insofern überschiessende Behauptung einer Unfähigkeit zum anlassbezogenen Geschichtenerfinden durch seine vielen anlassbezogenen Geschichten relativieren. Andererseits schärft er damit besonders deutlich ein: Sein Werk ist maximal eng auf das bezogen, was «passiert oder von [ihm] erlebt» wird. Darin, in Martis leidenschaftlicher Hinwendung zu seiner Gegenwart, seinen Erfahrungen und dem, was er zu diesen verantwortet sagen kann – oder gegenüber einer überlieferten oder eigenen Tradition auch nicht mehr sagen kann –, scheint die anhaltende Attraktivität und Herausforderung seiner Texte zu liegen. Auch seiner Texte zu Jesus Christus. Ihm, Marti, können wir ihn glauben.

Bigna Hauser und Andreas Mauz

1   Aus: *Herausforderung zum Leben*. In diesem Band, S. 55.
2   *Ostern*, in: *Von der Weltleidenschaft Gottes. Denkskizzen* (1998). In diesem Band, S. 121–125, S. 121.
3   Auch im deutlichen Gegensatz zu «Gott», der in mehreren Buchtiteln erscheint.
4   Aus: *gedichte am rand* (1963). In diesem Band, S. 21.
5   Aus: *Abendland* (1980). In diesem Band, S. 13.
6   *Christus, die Befreiung der bildenden Künste zur Profanität* (1958). In diesem Band, S. 131–137.
7   Vgl. die diversen Beiträge aus: *Gott im Diesseits. Versuche zu verstehen* (2005).
8   Vgl. die nachstehenden Hinweise unter IV.2.
9   Marti spricht diese lektürebedingten Akzentverschiebungen zuweilen auch selbst an. Vgl. in diesem Band nur den Auftakt von Martis Brief an Robert Mächler (1977), S. 77–80.
10 Vgl. exemplarisch das Ensemble *Passion – Ostern – Pfingsten*, aus: *Von der Weltleidenschaft Gottes. Denkskizzen* (1998), in diesem Band, S. 117–130.

11 Flüchtig sind aber nicht nur die jeweiligen Ausgaben. Die Publikationsorte zeugen in ihrer Breite auch deutlich von einer vergangenen Epoche der christlichen wie der weltlichen Presse. Die sorgfältige Erfassung und inhaltliche Erschliessung von Martis unzähligen Arbeiten für diese beiden Märkte steht noch an. Unsere Auswahl umfasst auch nur einen Bruchteil des Materials, das im gegebenen thematischen Horizont zur Verfügung stünde.

12 In: *O Gott! Essays und Meditationen* (1986). In diesem Band, S. 9f.

13 Man vergleiche in dieser Hinsicht das *Mögliche Interview über Leben und Tod*. In: *Lachen, Weinen, Lieben: Ermutigungen zum Leben*, Stuttgart: Radius-Verlag 1985, S. 45–54.

14 In diesem Band, S. 9. Wir zitieren im Buchtitel, leicht vereinfacht, die späte Version des Satzes aus *Heilige Vergänglichkeit*: «Ihm, Jesus, glaube ich Gott.» *Heilige Vergänglichkeit. Spätsätze*, Stuttgart: Radius-Verlag 2010, S. 30.

15 Vgl. *gedichte am rand*, Teufen: Arthur Niggli 1963, S. 39: «wir örtern / gott / vergeblich / mit wörtern [...] / er ist / das wort / und lässt sich nicht / wörtern».

16 *Herausforderung zum Leben* (1979). In diesem Band unter dem Titel *Herausforderung zum Leben. Oder: Warum ich Christ bin*, S. 55–66. Nicht weniger entschieden schreibt Marti an anderer Stelle: «Ich kenne den Gott, der in Jesus Mensch geworden ist (um diese Formel, weil sie sinnvoll ist, beizubehalten), nur so weit, als er in Jesus Mensch geworden ist. Ich weiss nicht, wie er ‹an und für sich› und abgesehen von Jesus ist.» Kurt Marti / Robert Mächler: *«Der Mensch ist nicht für das Christentum da.» Ein Streitgespräch über Gott und die Welt zwischen einem Christen und einem Agnostiker* (1977). Auszugsweise unter dem Titel *«Ist Jesus der Mensch gewordene Gott?» Ein Brief an Robert Mächler*, in diesem Band, S. 77–80, S. 79.

17 Vgl. *Gott im Diesseits. Versuche zu verstehen*, Stuttgart: Radius-Verlag 2005.

18 Vgl. *Von der Weltleidenschaft Gottes. Denkskizzen*, Stuttgart: Radius-Verlag 1998. Den Neologismus «Weltleidenschaft» bezieht Marti wohl von Adrien Turel (1890–1957), wobei sich der Terminus bei diesem wiederum auf Christus bezieht. Vgl. Adrien Turel: *Christi Weltleidenschaft*, Berlin: Die Schmiede 1923.

19 *Gottesbefragung. Der 1. Johannesbrief heute*, Stuttgart: Radius-Verlag 1982, S. 9.

20 *Herausforderung zum Leben.* In diesem Band, S. 63. – Diese Auffassung verbindet sich, wie auszuführen wäre, auch mit einer Verwerfung der traditionellen Annahme einer «Allmacht» Gottes. Gegen diese setzt Marti die Überzeugung: «Der machtlose Jesus am Kreuz ist – paradoxerweise – das gültige Bild des einzig als *Liebe* allmächtigen Gottes.» Kurt Marti / Robert Mächler: «*Der Mensch ist nicht für das Christentum da.*» *Ein Streitgespräch über Gott und die Welt zwischen einem Christen und einem Agnostiker*, Hamburg: Lutherisches Verlagshaus 1977, S. 44.

21 Vgl. u. a. Eberhard Jüngel: *Das Opfer Jesu Christi als sacramentum et exemplum. Was bedeutet das Opfer Christi für den Beitrag der Kirchen zur Lebensbewältigung und Lebensgestaltung?* (1982). In: ders.: *Wertlose Wahrheit: Zur Identität und Relevanz des christlichen Glaubens. Theologische Erörterungen*, Bd. III. Tübingen ²2003, S. 261–282.

22 *Die gesellige Gottheit. Ein Diskurs*, Stuttgart: Radius-Verlag 1989, S. 60. Matthias Zeindler stellt berechtigterweise die Frage, cb Marti bei der fälligen «Korrektur gegenüber der theologischen Tradition» nicht übers Ziel hinausschiesse und den positiven Sinn der Sakramentumschristologie durch ein «reduziertes Verständnis des Kreuzes als Konsequenz seiner konsequent gelebten Liebe» übergeht. «Was Marti nicht zur Geltung bringt, ist das Kreuz als Zeichen, als Inbegriff der Liebe Gottes, als Höhepunkt – oder Tiefpunkt – seiner Solidarität, als stellvertretender Weg in die vollständige Verlorenheit. Die sakramentale Dimension von Jesu Tod neben der exemplarischen.» Matthias Zeindler: «*ich sehe ihn eher als tiger*». *Kurt Martis Suche nach dem Nazarener*, in: *Pastoraltheologie* 110 (2021), S. 495–513, S. 502.

23 *Die gesellige Gottheit*, S. 61.

24 Grundlegend zu Martis Gotteslehre bzw. Marti als Gotteslehrer: Magdalene L. Frettlöh: «*Gott gegenüber sind und bleiben wir allzumal Dadaisten.*» *Kurt Marti als Gotteslehrer*, in: *Pastoraltheologie* 110 (2021), S. 514–537.

25 Vgl. *Bruder Jesus*, in: National-Zeitung, Basel, 23.–24.12.1967.

26 *Leibhaftig*, in: *Die Weltleidenschaft Gottes* (1998). In diesem Band, S. 45f.

27 A. a. O., S. 45.

28 Vgl. u. a. die Essays *Glaube und Eros, Erotische Kultur?* und *Die Agape liebt den Eros*, in: *O Gott! / Lachen – Weinen – Lieben*. Stuttgart: Radius-

Verlag 1995, S. 49–61, S. 347–352, S. 353–360. Das hinreissendste Beispiel von Martis erotische Lyrik: *rösi du nuss. (zyklus zärtlicher albernheiten)*, in: Heinz Ludwig Arnold (Hg.): *Dein Leib ist mein Gedicht. Deutsche erotische Lyrik aus fünf Jahrhunderten*, Bern/München 1970, S. 247–251.

29 *«Mein» Jesus.* In diesem Band, S. 67–72, S. 68.

30 *Leibhaftig.* In diesem Band, S. 45.

31 *Passion*, in: *Von der Weltleidenschaft Gottes* (1998). In diesem Band, S. 47f. Vgl. analog das resignative Gedicht *und so*: «und so / und seit damals / nichts neues / unter der sonne / in der der gekreuzigte / hängt – // schrei noch immer», in: *abendland. gedichte*, Darmstadt: Luchterhand 1980, S. 17.

32 *Der Fürst*, in: *Bürgerliche Geschichten* (1981). In diesem Band, S. 155–157, S. 157.

33 In diesen Zusammenhang gehört auch das Heilungshandeln Jesu, vgl. die Miniatur *Krankheit, Heilung, Heil*, in: *Die gesellige Gottheit. Ein Diskurs* (2004). In diesem Band, S. 49–51.

34 *«Mein» Jesus*, in: *O Gott! Essays und Meditationen* (1986). In diesem Band, S. 67–72, S. 69.

35 In: *Leichenreden* (1969). In diesem Band, S. 29. Zum theologischen Kontext: Jan Bauke-Ruegg: *«Auferstehung als Aufstand». Hermeneutische Anfragen an eine gängige Deutung der Auferstehung*, in: *Zeitschrift für Theologie und Kirche* 99 (2002), S. 76–108.

36 Zeindler, *Kurt Martis Suche nach dem Nazarener*, S. 504. Man vergleiche auch den Essay *Osterprotest*, in: *National-Zeitung*, Basel, 25.–26.3.1967.

37 «Das Wort / Ist Fleisch, die gesellige Gottheit / Mensch geworden / im Mann von Nazareth.» *Die gesellige Gottheit. Ein Diskurs*, Stuttgart: Radius-Verlag 1989, S. 27.

38 *O Gott! Essays und Meditationen*, Stuttgart: Radius-Verlag 1986, S. 90.

39 *Subversive Ostern*, in: *Die Tat*, Zürich, 7.4.1966. In diesem Band, S. 89–92.

40 *Zweifel*, in: *Für eine Welt ohne Angst. Berichte – Geschichter. – Gedichte*, Hamburg: Lutherisches Verlagshaus, 1981, S. 33. Marti ist in dieser Hinsicht einig mit seinem Schriftstellerkollegen Peter Bichsel: «Was ich dieser Kirche […] von Herzen gönne, ist, dass sie ihren Gründer nicht loskriegen wird.» Peter Bichsel: *Predigt für die andern. Eine Rede für Fernsehprediger* (1986), in: ders.: *Möchten Sie Mozart gewesen sein?* Stuttgart: Radius-Verlag 2006, S. 39–58, S. 49f.

41 *Ein Fremder kommt*, in: *O Gott!*, S. 123–129, S. 126.

42 A. a. O., S. 123–129.

43 A. a. O., S. 127.

44 «*Mein*» *Jesus*, in: *O Gott! Essays und Meditationen* (1986). In diesem Band, S. 71.

45 *Jesus – der Bruder. Ein Beitrag zum Christusbild in der neuen Literatur* (1970), in: *Grenzverkehr. Ein Christ im Umgang mit Kultur, Literatur und Kunst*, Neukirchen-Vluyn: Neukirchener Verlag 1976, S. 74–91, S. 74.

46 A. a. O., S. 75. Ausführlicher zur Programmatik und den Kontexten von Martis «Literaturtheologie»: Folkart Wittekind: *Kreativität und Kritik – oder die ‹Verteidigung des Individuums›. Zu den theologischen Grundlagen von Martis Literaturtheologie*, in: Pierre Bühler / Andreas Mauz (Hg.): *Grenzverkehr. Beiträge zum Werk Kurt Martis*, Göttingen: Wallstein 2016, S. 188–224.

47 *Jesus – der Bruder*, S. 75.

48 *aisthesis. Ein Essay in einundzwanzig Sätzen*, in: *DU. Eine Rühmung. Und 19 Gebete in Gedichtform sowie ein Essay in 21 Sätzen*, Stuttgart: Radius-Verlag 2022, S. 57–69, S. 67. Man vergleiche mit Blick auf eine christologierelevante «Ästhetik des Hässlichen» auch den frühen Essay *Rechtfertigung des Hässlichen?* (1964), in: *Grenzverkehr*, S. 190–193.

49 Für Überlegungen zu Millers *Big Sur*-Roman vergleiche auch den Essay *Subversive Ostern*. In diesem Band, S. 89–92.

50 Es ist in unserem Band nur durch einen einzigen Brief Martis vertreten. Vgl. S. 77–80.

51 Vgl. Marti/Mächler, *Streitgespräch über Gott und die Welt*, S. 17–25.

52 A. a. O., S. 75–83.

53 Vgl.: *Dialog* (1971), Richard Dindo (Regie), Peter von Gunten (Kamera); Konrad Farner / Kurt Marti: *Dialog Christ – Marxist*, Zürich: Verlagsgenossenschaft 1972. Im Vergleich zum Mächler-Briefwechsel steht die Figur Jesu/Christi in diesem Fall weniger im Fokus.

54 Kurt Marti / Arnim Juhre: *Die zerzählte Botschaft*, in: *Deutsches Allgemeines Sonntagsblatt*, 20.11.1987. Die Rede vom «Zerzählen» bezieht Marti von seinem Berner Schriftstellerkollegen Peter Lehner. Vgl. ders.: *Angenommen, um 0 Uhr 10. Zerzählungen*, St. Gallen: Tschudy 1965.

Editorische Nachbemerkungen und Dank

Der Wortlaut der vorliegenden Auswahl folgt dem der veröffentlichten Texte. Offensichtliche Schreibfehler wurden stillschweigend korrigiert. Zudem wurden die Texte zur besseren Lesbarkeit zurückhaltend formal vereinheitlicht, namentlich durch den Verzicht auf das deutsche «ß» zugunsten des schweizerischen «ss» und die konsequente Grossschreibung vollständiger Sätze, die auf Doppelpunkte folgen. Die biblischen Namen und Orte wurden vereinheitlicht und der Schreibweise der Zürcher Bibel angepasst. Wo dies von den Originaltexten her nahe lag, wurde Kurt Martis eigene Abfolge von Texten und Texteinheiten beibehalten. Bei den beiden Gedichten aus dem Band *Leichenreden* (1969, *das könnte manchen herren so passen*, S. 29; *wer kennt schon die not eines überaus dicken mädchens*, S. 33) wurden die linksseitig abgedruckten zugehörigen Zitate stattdessen vorangestellt. Im Fall des Ostertexts *Die göttliche Realutopie* (1968, S. 101) ist der Erstdruck leider korrumpiert; der letzte Teilsatz des Essays ist daher nicht verlässlich überliefert. Die Untertitel der Texte *Zoom* (1971, S. 52) und *Ist Jesus der menschgewordene Gott?* (1977, S. 77–80) sind redaktionell. Der zweite Oder-Teil des Texts *Herausforderung zum Leben* (1971, S. 55–66) ist es ebenfalls. In zwei Texten verwendet bzw. zitiert Marti das N-Wort. Im Wissen um dessen Problematik haben wir diese Beiträge (*Die göttliche Realutopie* und *Passion*, 2005, S. 117–120) dennoch im originalen Wortlaut abgedruckt. Wir vertrauen auf Leserinnen und Leser, die in der Lage sind, diesen Sprachgebrauch historisch zu situieren und mit Martis fraglos rassismuskritischer Grundhaltung abzugleichen. Das gilt auch bei seinem Gebrauch des generischen Maskulinums.

Die Herausgeberin und der Herausgeber danken der Kurt Marti-Stiftung (Bern) und dem Radius-Verlag (Stuttgart) für die Gewährung der Abdruckrechte. Dem Theologischen Verlag Zürich ist zu danken für das Interesse an einem weiteren Marti-Projekt und dessen zuverlässige Begleitung. Das Schweizerische Literaturarchiv (Dr. Lucas Gisi) war, wie immer, ein hilfreicher Partner bei Recherchen im Nachlass Kurt Martis. Die Drucklegung des Bandes wurde dankenswerterweise ermöglicht durch Beiträge der Reformierten Kirchen Bern-Jura-Solothurn, der Burgergemeinde Bern, der Schweizerischen Reformationsstiftung, des Pfarrvereins des Kantons Zürich, der Stiftung Pro Sciencia et Arte (Bern) und der Protestantischen Solidarität Schweiz (Bern).

Druck- und Rechtenachweise

S. 6:   hotel jesus, in: Wolfgang Erk (Hg.), Radius-Almanach 1991/92, Stuttgart: Radius-Verlag 1991, S. 16. Entnommen mit freundlicher Genehmigung des Radius-Verlags. © 1991 by Radius-Verlag, Stuttgart

Intro
Wer ist Jesus Christus für Sie?

S. 9:   Wer ist Jesus Christus für Sie?, in: Kurt Marti, O Gott! Essays und Meditationen, Stuttgart: Radius-Verlag 1986, S. 87–89. © Kurt Marti-Stiftung, Bern

Gedichte
ein gott / der fleisch wird

S. 13: ein nachapostolisches bekenntnis, in: abendland. gedichte, Darmstadt: Luchterhand 1980, S. 92. © Kurt Marti-Stiftung, Bern

S. 14: jesus, in: Kurt Marti, abendland. gedichte, Darmstadt: Luchterhand 1980, S. 45–46. © Kurt Marti-Stiftung, Bern

S. 16: Jesses!, in: Kurt Marti, Ungrund Liebe. Klagen Wünsche Lieder, Stuttgart: Radius-Verlag 2011, S. 90. Entnommen mit freundlicher Genehmigung des Radius-Verlags. © 2011 by Radius-Verlag, Stuttgart

S. 17: und maria, in: Kurt Marti, abendland. gedichte, Darmstadt: Luchterhand 1980, S. 41–44. © Kurt Marti-Stiftung, Bern

S. 21: weihnacht, in: Kurt Marti, geduld und revolte. die gedichte am rand, Stuttgart: Radius-Verlag 2011, S. 8. Entnommen mit freundlicher Genehmigung des Radius-Verlags. © 2011 by Radius-Verlag, Stuttgart

S. 22:   das licht, in: Kurt Marti, geduld und revolte. die gedichte am rand, Stuttgart: Radius-Verlag 2011, S. 14. Entnommen mit freundlicher Genehmigung des Radius-Verlags. © 2011 by Radius-Verlag, Stuttgart

S. 23:   intonation, in: Kurt Marti, abendland. gedichte, Darmstadt: Luchterhand 1980, S. 41–44. © Kurt Marti-Stiftung, Bern

S. 24:   das tägliche brot, in: Kurt Marti, gedichte am rand, Teufen: Arthur Niggli 1963, S. 22. © Kurt Marti-Stiftung, Bern

S. 25:   salbung in bethanien, in: Kurt Marti, geduld und revolte. die gedichte am rand, Stuttgart: Radius-Verlag 2011, S. 58. Entnommen mit freundlicher Genehmigung des Radius-Verlags. © 2011 by Radius-Verlag, Stuttgart

S. 26:   immerwährende kreuzigung, in: Kurt Marti, abendland. gedichte, Darmstadt: Luchterhand 1980, S. 47. © Kurt Marti-Stiftung, Bern

S. 27:   nur einer tats, in: Kurt Marti, geduld und revolte. die gedichte am rand, Stuttgart: Radius-Verlag 2011, S. 64. Entnommen mit freundlicher Genehmigung des Radius-Verlags. © 2011 by Radius-Verlag, Stuttgart

S. 28:   das leere grab, in: Kurt Marti, geduld und revolte. die gedichte am rand, Stuttgart: Radius-Verlag 2011, S. 67. Entnommen mit freundlicher Genehmigung des Radius-Verlags. © 2011 by Radius-Verlag, Stuttgart

S. 29:   das könnte manchen herren so passen, in: Kurt Marti, leichenreden, Darmstadt: Luchterhand 1969, S. 63. © Kurt Marti-Stiftung, Bern

S. 30:   wiederkunft, in: Kurt Marti, geduld und revolte. die gedichte am rand, Stuttgart: Radius-Verlag 2011, S. 78. Entnommen mit freundlicher Genehmigung des Radius-Verlags. © 2011 by Radius-Verlag, Stuttgart

S. 31:   So ist das, in: Kurt Marti, Ungrund Liebe. Klagen Wünsche Lieder, Stuttgart: Radius-Verlag 2011, S. 27. Entnommen mit freundlicher Genehmigung des Radius-Verlags. © 2011 by Radius-Verlag, Stuttgart

S. 32:   christusbilder, in: Kurt Marti, geduld und revolte. die gedichte am rand, Stuttgart: Radius-Verlag 2011, S. 57. Entnommen mit freundlicher Genehmigung des Radius-Verlags. © 2011 by Radius-Verlag, Stuttgart

S. 33:   wer kennt schon die not eines überaus dicken mädchens?, in: Kurt
          Marti, leichenreden, Darmstadt: Luchterhand 1969, S. 45. © Kurt
          Marti-Stiftung, Bern

S. 35:   welcher mut, in: Kurt Marti, abendland. gedichte, Darmstadt:
          Luchterhand 1980, S. 48f. © Kurt Marti-Stiftung, Bern

S. 37:   Wie kamst Du gerade auf mich?, in: Kurt Marti, Ungrund Liebe.
          Klagen Wünsche Lieder, Stuttgart: Radius-Verlag 2011, S. 15. Ent-
          nommen mit freundlicher Genehmigung des Radius-Verlags. ©
          2011 by Radius-Verlag, Stuttgart

S. 38:   Ungrund, in: Kurt Marti, Ungrund Liebe. Klagen Wünsche Lie-
          der, Stuttgart: Radius-Verlag 2011, S. 24. Entnommen mit freund-
          licher Genehmigung des Radius-Verlags © 2011 by Radius-Verlag,
          Stuttgart

Miniaturen
Kein Leben ohne Leiben

S. 41:   Jesus, in: Kurt Marti, Versuche zu verstehen. Von der Weltlei-
          denschaft Gottes und Gott im Diesseits, Stuttgart: Radius-Verlag
          2022, S. 139–142. Entnommen mit freundlicher Genehmigung des
          Radius-Verlags. © 2022 by Radius-Verlag, Stuttgart

S. 44:   Von unten her, in: Kurt Marti, Zärtlichkeit und Schmerz. Notizen,
          Darmstadt: Luchterhand 1979, S. 76. © Kurt Marti-Stiftung, Bern

S. 45:   Leibhaftig, in: Kurt Marti, Versuche zu verstehen. Von der Welt-
          leidenschaft Gottes und Gott im Diesseits, Stuttgart: Radius-Verlag
          2022, S. 143–145. Entnommen mit freundlicher Genehmigung des
          Radius-Verlags. © 2022 by Radius-Verlag, Stuttgart

S. 47:   Passion, in: Kurt Marti, Versuche zu verstehen. Von der Welt-
          leidenschaft Gottes und Gott im Diesseits, Stuttgart: Radius-Ver-
          lag 2022, S. 172f. Entnommen mit freundlicher Genehmigung des
          Radius-Verlags. © 2022 by Radius-Verlag, Stuttgart

S. 49:   Krankheit, Heilung, Heil, in: Kurt Marti, Die gesellige Gottheit. Ein
          Diskurs, Stuttgart: Radius-Verlag 2004, S. 31–34. Entnommen mit
          freundlicher Genehmigung des Radius-Verlags. © 2004 by Radius-
          Verlag, Stuttgart

S. 52:   Zoom. Ein Artikel aus dem *Abratzky*, in: Kurt Marti, Abratzky oder Die kleine Brockhütte. Nachträge zur weiteren Förderung unseres Wissens. Lexikon in einem Band, Neuwied: Luchterhand 1971, S. 112. © Kurt Marti-Stiftung, Bern

Essays
Die Herausforderung bleibt

S. 55:   Herausforderung zum Leben, in: Walter Jens (Hg.): Warum ich Christ bin, München: Kindler 1979, S. 239–252. © Kurt Marti-Stiftung, Bern

S. 67:   «Mein» Jesus, in: Kurt Marti, O Gott! Essays und Meditationen, Stuttgart: Radius-Verlag 1986, S. 114–121. © 1986 by Radius-Verlag, Stuttgart

S. 73:   Das Engagement Gottes, in: Leben und Glauben. Evangelisches Wochenblatt, Laupen/Bern, 21.12.1968. © Kurt Marti-Stiftung, Bern

S. 77:   «Ist Jesus der Mensch gewordene Gott?» in: Kurt Marti, «Der Mensch ist nicht für das Christentum da». Ein Streitgespräch über Gott und die Welt zwischen einem Christen und einem Agnostiker, mit Robert Mächler (4. Brief: Marti an Mächler), Hamburg: Lutherisches Verlagshaus, 1977, S. 30–34. © Kurt Marti-Stiftung, Bern

S. 81:   Tell und Christus, in: Die Tat, Zürich, 31.3.1961. © Kurt Marti-Stiftung, Bern

S. 85:   Der König auf dem Rücken des Esels, in: Leben und Glauben. Evangelisches Wochenblatt, Laupen/Bern, 18.3.1967. © Kurt Marti-Stiftung, Bern

S. 89:   Subversive Ostern, in: Die Tat, Zürich, 7.4.1966. © Kurt Marti-Stiftung, Bern

S. 93:   Osterzweifel, Osterglaube, in: National-Zeitung, Basel, 13.–14.4.1968. © Kurt Marti-Stiftung, Bern

S. 97:   Der gekreuzigte Osterhase, in: Coop Genossenschaft, Nr. 14/15, Basel, 30.3 und 6.4.1972. © Kurt Marti-Stiftung, Bern

S. 101:   Die göttliche Realutopie, in: Die Tat, Zürich, 13.4.1968. © Kurt Marti-Stiftung, Bern

S. 105: Der Souverän, in: Leben und Glauben. Evangelisches Wochenblatt, Laupen/Bern, 18.5.1968. © Kurt Marti-Stiftung, Bern

S. 109: Die neue Perspektive, in: Leben und Glauben. Evangelisches Wochenblatt, 29.4.1967. © Kurt Marti-Stiftung, Bern

S. 113: Mut, in: National-Zeitung, Basel, 13.–14.5.1967. © Kurt Marti-Stiftung, Bern

S. 117: Passion, in: Kurt Marti, Versuche zu verstehen. Von der Weltleidenschaft Gottes und Gott im Diesseits, Stuttgart: Radius-Verlag 2022, S. 72–87. Entnommen mit freundlicher Genehmigung des Radius-Verlags. © 2022 by Radius-Verlag, Stuttgart

S. 121: Ostern, in: Kurt Marti, Versuche zu verstehen. Von der Weltleidenschaft Gottes und Gott im Diesseits, Stuttgart: Radius-Verlag 2021, S. 88–93. Entnommen mit freundlicher Genehmigung des Radius-Verlags. © 2022 by Radius-Verlag, Stuttgart

S. 126: Pfingsten, in: Kurt Marti, Versuche zu verstehen. Von der Weltleidenschaft Gottes und Gott im Diesseits, Stuttgart: Radius-Verlag 2022, S. 94–100. Entnommen mit freundlicher Genehmigung des Radius-Verlags. © 2022 by Radius-Verlag, Stuttgart

S. 131: Christus, die Befreiung der bildenden Künste zur Profanität, in: Evangelische Theologie, 1958, 8, S. 371–375. © Kurt Marti-Stiftung, Bern

S. 138: Der Gekreuzigte, in: Die Tat, Zürich, 26.3.1964. © Kurt Marti-Stiftung, Bern

S. 141: Ein Modell christlicher Politik. Ansprache auf Martin Luther King in: Die Weltwoche, 26.4.1968. © Kurt Marti-Stiftung, Bern

S. 145: Die sieben Worte am Kreuz, in: Gemeindebote 1980, Jg. 80, Nr. 4. © Kurt Marti-Stiftung, Bern

Prosa
Deine Predigt, Pastor, macht uns zu schaffen

S. 155: Der Fü3rst, in: Kurt Marti, Bürgerliche Geschichten, Darmstadt: Luchterhand 1981, S. 152–155. © Kurt Marti-Stiftung, Bern

S. 158: Bruder der Nacht, in: Kurt Marti, Nachtgeschichten, Darmstadt: Luchterhand 1990, S. 12–19. © Kurt Marti-Stiftung, Bern

S. 166: Keine Ostern wie immer, in: Kurt Marti, Fromme Geschichten, Stuttgart: Radius-Verlag 2004, S. 86–88. Entnommen mit freundlicher Genehmigung des Radius-Verlags. © 2004 by Radius-Verlag, Stuttgart

S. 169: Lazarus schwieg, in: Kurt Marti, Fromme Geschichten, Stuttgart: Radius-Verlag 2004, S. 34–37. Entnommen mit freundlicher Genehmigung des Radius-Verlags. © 2004 by Radius-Verlag, Stuttgart

S. 173: Finsternis, in: Kurt Marti, Fromme Geschichten, Stuttgart: Radius-Verlag 2004, S. 38–39. Entnommen mit freundlicher Genehmigung des Radius-Verlags. © 2004 by Radius-Verlag, Stuttgart

S. 175: Der letzte Weise aus dem Morgenland, in: Kurt Marti, Fromme Geschichten, Stuttgart: Radius-Verlag 2004, S. 40–44. Entnommen mit freundlicher Genehmigung des Radius-Verlags. © 2004 by Radius-Verlag, Stuttgart

S. 180: Furchtbares Wunder, in: Kurt Marti, Fromme Geschichten, Stuttgart: Radius-Verlag 2004, S. 45–48. Entnommen mit freundlicher Genehmigung des Radius-Verlags. © 2004 by Radius-Verlag, Stuttgart

S. 184: Ein alter Mann tanzt vor einem alten Mann in einem alten Zimmer, in dem noch nie getanzt worden ist, in: Kurt Marti, Ruhe und Ordnung. Aufzeichnungen und Abschweifungen 1980–1983, Darmstadt: Luchterhand 1984, S. 242–245. © Kurt Marti-Stiftung, Bern

Predigten
Es gibt keinen Grund, das Jenseits zu fürchten

S. 191: Die grosse Schwierigkeit der Friedensstiftung und ihre noch grössere Verheissung (Mt 5,9), in: Kurt Marti, Das Aufgebot zum Frieden. Biblische Perspektiven, Basel: Friedrich Reinhardt Verlag, S. 70–76. © Kurt Marti-Stiftung, Bern

S. 197: Der Bund (Mt 26,28), in: Zeitschrift für Gottesdienst und Predigt, 1986, Jg. 4, Nr. 2, S. 10f. © Kurt Marti-Stiftung, Bern

S. 201: Sie war nicht nur die Mutter Jesu (Mk 3,20f), in: Horst Nitzschke (Hg.), Erzählende Predigen, Gütersloh: Gütersloher Verlagshaus 1976, S. 75–78 © Kurt Marti-Stiftung, Bern

S. 205: Immanuel – Gott mit uns (Mk 4,35–41), in: Kurt Marti, Das Markus-Evangelium, ausgelegt für die Gemeinde, Basel: Friedrich Reinhardt 1967, S. 93–97. © Kurt Marti-Stiftung, Bern

S. 210: Stellvertreter (Mk 12,1–12), in: Berner Predigten, 1964, Jg. 10, Nr. 2, S. 2–7. © Kurt Marti-Stiftung, Bern

Outro
Ein Bild von dir

S. 217: DU / «der unaussprechliche Seufzer ... getragen fühltest», in: Kurt Marti, DU. Rühmungen. Und 19 Gebete in Gedichtform sowie ein Essay in 21 Sätzen, Stuttgart: Radius-Verlag 2022, S. 15–19. Entnommen mit freundlicher Genehmigung des Radius-Verlags. © 2022 by Radius-Verlag, Stuttgart

Kurt Marti
Gottesbefragungen
Ausgewählte Predigten

Herausgegeben
von Andreas Mauz
und Ralph Kunz

Wenn Kurt Marti predigt, tut er das pointiert. Er setzt sich dem Bibeltext aus und übersetzt ihn in die Gegenwart. Der Querschnitt durch Martis Predigtwerk zeigt seine zentralen theologischen Anliegen: die Liebe als das Wesen Gottes, aber auch die irdische Liebe, die Kritik von Machtverhältnissen, der Friede, die Bewahrung der Schöpfung. Martis Texte sind visionär – damals wie heute.

2. Aufl. 2021, 214 Seiten
Paperback
ISBN 978-3-290-18346-2

Kurt Marti
Läuten und eintreten bitte
Ein Lesebuch
im Jahreslauf

Herausgegeben
von Ralph Kunz
und Andreas Mauz

Mit Kurt Marti durchs Jahr bedeutet: Läuten und eintreten bitte! Eintreten in seine Texte, in den Jahreslauf, ins Kirchenjahr und nicht zuletzt in die Gedanken dieses überraschenden und eigenständigen Theologen. Dem Sprachvirtuosen Marti gelingt es, in seinen Tagebüchern, Kolumnen, Zeitungsartikeln und Gedichten Theologisches leichtfüssig zu fassen – und rissige Wörter zu flicken.

2. Aufl. 2021, 254 Seiten
Paperback
ISBN 978-3-290-18348-6

Ursina Sommer (Hg.)
Im Gegenzauber
Spiritualität
und Dichtung im Werk
Erika Burkarts
(1922–2010)

Erika Burkart erschafft in ihren Texten Bilder für das Undarstellbare. Sie fragt nach dem Umgang der Schöpfung, nach dem Verhältnis von Glaube und säkularer Welt und von Krankheit und Tod. In ihrem vielfältigen Œuvre offenbart sich so der ungebrochene Glaube an die schöpferische Kraft des Schreibens. Ein Band über eine wichtige Literatin und Intellektuelle der Gegenwartsliteratur. Mit Beiträgen u. a. von Ernst Halter, Klaus Merz, Joanna Nowotny, Ilma Rakusa, Tabea Steiner und Philipp Theisohn.

2022, 208 Seiten
Paperback mit s/w-Fotos
ISBN 978-3-290-18449-0

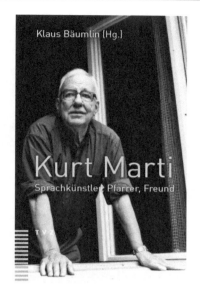

Klaus Bäumlin (Hg.)
Kurt Marti
Sprachkünstler, Pfarrer, Freund

Begegnungen, Gespräche, gemeinsame Wegstücke und Freundschaft – darüber schreiben Weggefährtinnen und Freunde von Kurt Marti. Entstanden ist ein persönliches Buch, ein biografisches Mosaik zu Kurt Marti: zu seinem Leben, seinem literarischen und theologischen Schaffen, seinem politischen Engagement und seinen Freundschaften. Es zeigt Kurt Martis immense Wirkung und ihn als Person: als Sprachkünstler, Pfarrer und Freund.

2. Aufl. 2020, 174 Seiten
Paperback mit s/w-Fotos
ISBN 978-3-290-18350-9